9割の会社員が知らない「お金が勝手に働く」投資術

マイク

SOGO HOREI PUBLISHING CO., LTD

はじめに

突然ですが、次のニュースの見出しを見てどう思いますか？

「日本の富裕層（純金融資産保有額1億円以上）の世帯数は、2019年を超えて2005年以降最多に」

- 自分とは関係のない話だ
- お金持ちから税金をもっと取っても良いのでは
- 仮想通貨で一攫千金の人か、一発屋のYouTuberの話でしょ

と、思った人は本書を最後まで必ず読んでください。

お金を増やせる素質（富裕層になれる素質）を持った方だと保証します。

では、なぜあなたが富裕層の仲間入りできるといえるのかをお教えしましょう。

［図表 1］日本の純金融資産保有額

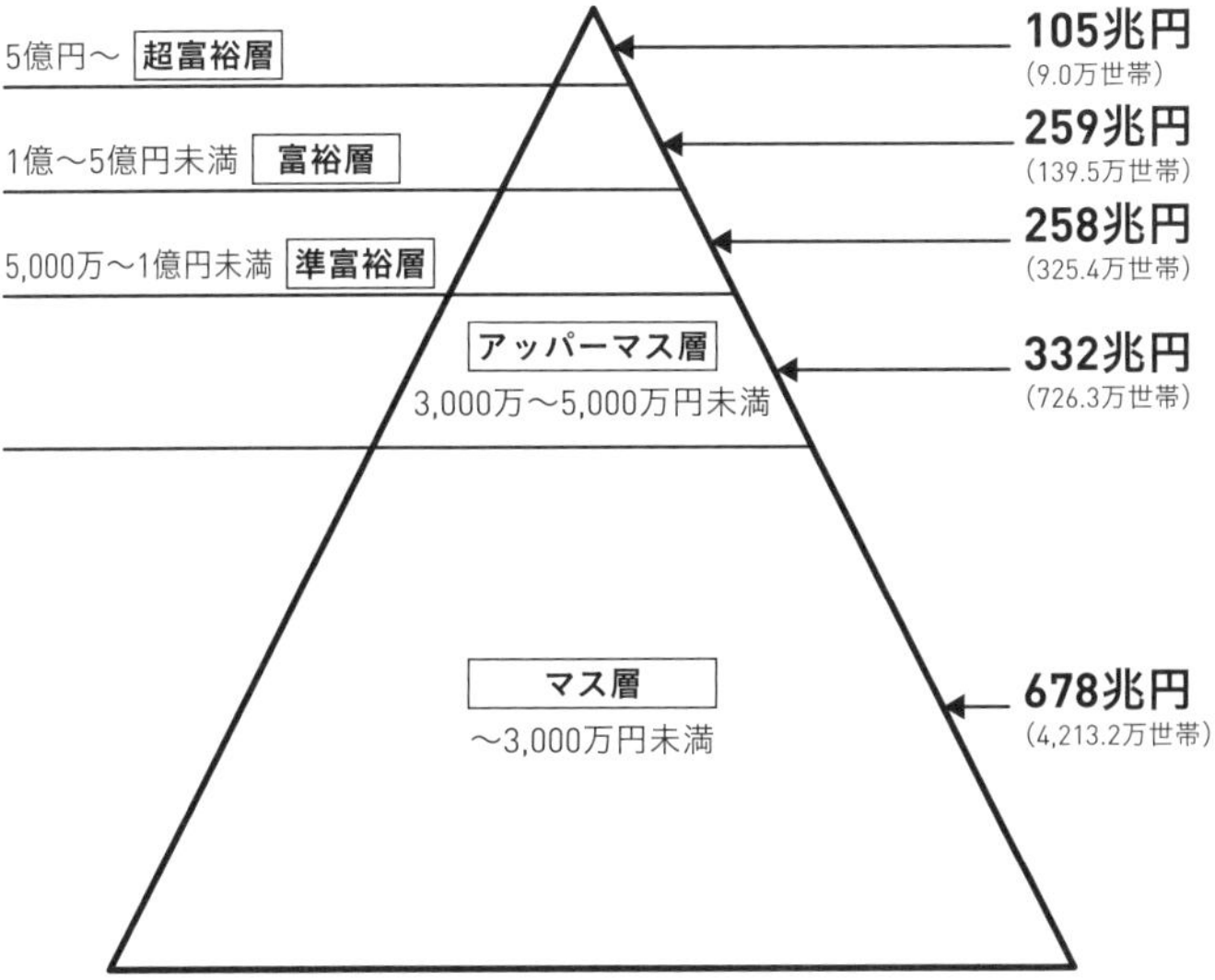

出所：野村総合研究所のデータをもとに総合法令出版が作成

［図表2］純金融資産保有額の階層別による保有資産の規模と世帯数の推移（2011～2019年）

		2013年	2015年	2017年	2019年	2021年
超富裕層	純金融資産(兆円)	73	75	84	97	105
	世帯数(万世帯)	5.4	7.3	8.4	8.7	9.0
富裕層	純金融資産(兆円)	168	197	215	236	259
	世帯数(万世帯)	95.3	114.4	118.3	124.0	139.5
準富裕層	純金融資産(兆円)	242	245	247	255	258
	世帯数(万世帯)	315.2	314.9	322.2	341.8	325.4
アッパーマス層	純金融資産(兆円)	264	282	320	310	332
	世帯数(万世帯)	651.7	680.8	720.3	712.1	726.3
マス層	純金融資産(兆円)	539	603	673	656	678
	世帯数(万世帯)	4,182.7	4,173.0	4,203.1	4,215.7	4,213.2

出所：野村総合研究所のデータをもとに総合法令出版が作成

ユダヤ民族の思想になぞらえると、答えは自ずと出てきます。

ユダヤ民族（ユダヤ人）とは、次のような特徴を持っています。

- 著名なビジネスパーソンが多数（Meta（旧Facebook）のマーク・ザッカーバーグ、デルのマイケル・デル、オラクルのラリー・エリソン、マイクロソフトのスティーブ・バルマー元CEO、インテルのアンディ・グローブ元会長など）
- ノーベル賞受賞者の約20％を占めている
- 全米に居住するユダヤ人の平均所得は米国平均の約2倍

このように、世界的なエリートはユダヤ人に集中しています。この事実を知っている人も多いでしょう。では、なぜユダヤ人の多くがエリートになれるのでしょうか？

その理由は「**選民思想**」を持っているからです。彼らは「自分は神に選ばれた唯一無二の存在だから、ほかの民族とは出来が違う」と思っています。

簡単にいうと、「自分はできる」と思っています。「できる」と思うから「できる」、逆に「できない」と思っていたら、どれだけ頑張っても「できない」。

これだけのことです。

たったこれだけのことですが、「謙遜《けんそん》は美徳」と教育されている日本人に「自分はできる」と思える人はほとんどいません。

そしてユダヤ人だけではなく、この思想を持っている人は例外なく世の中で成功しています。

あなたの日常を振り返ってみてください。

▪通勤時間に自己啓発本を読んでいる
▪出社時間が部下よりも早い
▪腹が立つ取引先だとしても、感情を押し殺して対応する
▪仕事のためにサービス残業を自ら行う
▪部下の成長のためにいきたくない飲み会に参加してアドバイスをしている

- 取引先との接待のためのグルメ情報は欠かさない
- 筋トレやランニングを欠かさない
- 休日でも仕事優先でゴルフ接待に向かう
- 休日でも会社からメールが来ると、ついついパソコンを開いてしまう

1つでも当てはまる人は、ユダヤ人と同じ「選民思想」があるといえます。いわば「エリート」なのです。

あなたは、学生時代や社会人生活の中で、自分はどうも周りとは違うようだと感じてきたはずです。

あなたは、やると決めたことであれば、どんなことでも人並み以上の結果を残せると確信し、実際に結果も残してきています。

あなたは、エリートであるために日々努力をし続けてきました。その努力は決して自分のためではなく、社会・会社・上司・部下・家族のためにしてきたのです。責任感が強いからこそ、手を抜くことはできません。中途半端が嫌いだから

こそ、最後まで課題と向き合います。そして課題解決能力が高いあなたは、課題を乗り越えていきます。

そんなあなたが、なぜ先ほどのニュースの見出しを見て心がざわついたのでしょうか?

答えは簡単です。

「**現状のお金に、満足していない**」からです。

周りの同僚や友人とは違う存在であるはずのあなたが、お金のこととなるとコンプレックス(劣等感)が生まれます。

- 家柄が良いから
- 親がお金持ちだから
- 芸能人やプロ野球選手だから

このような人たちは富裕層であって、自分とは関係がない話だと逃げます。

［図表3］お金に対する劣等感

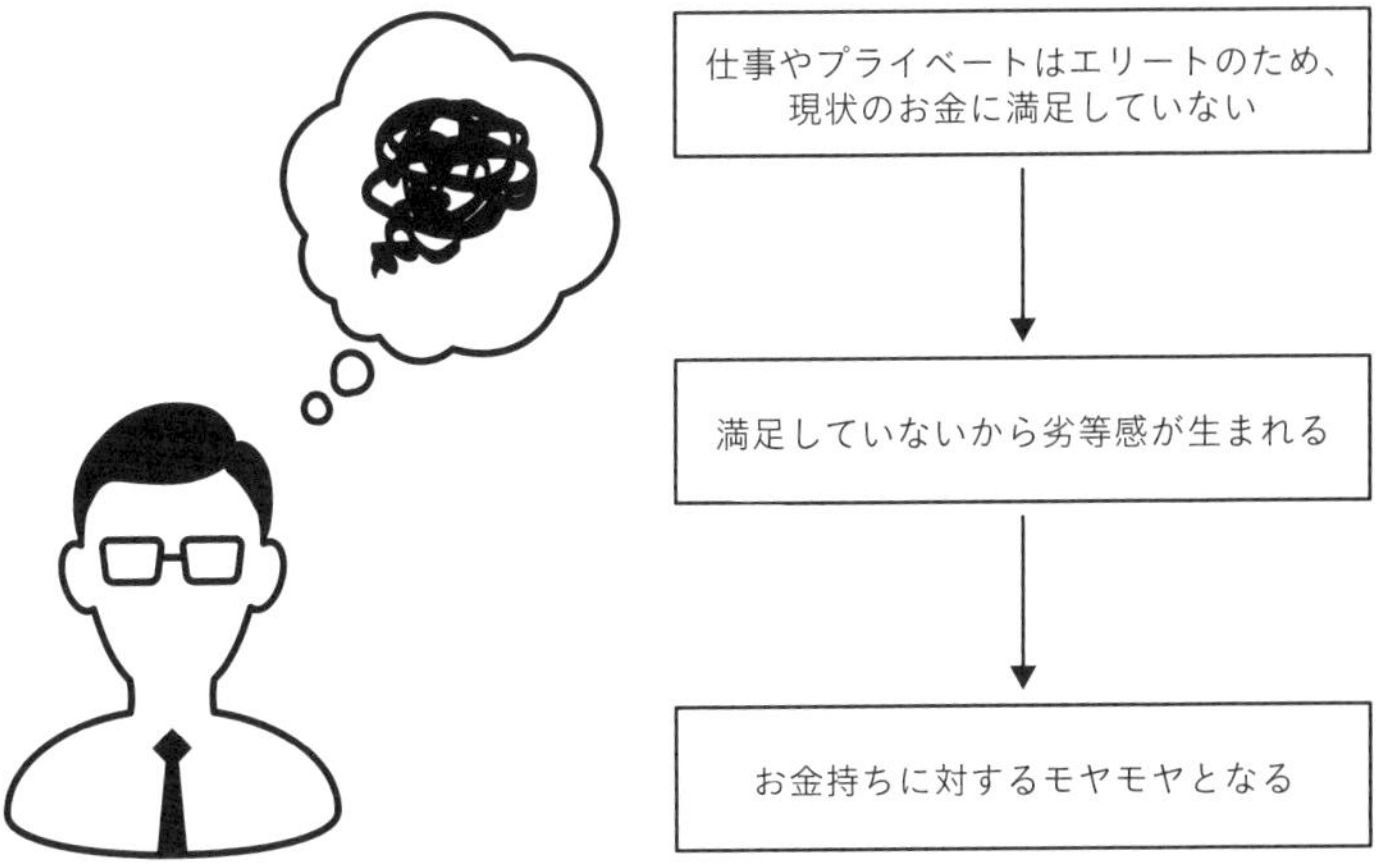
仕事やプライベートはエリートのため、
現状のお金に満足していない
満足していないから劣等感が生まれる
お金持ちに対するモヤモヤとなる

もう大丈夫です。

お金に対する劣等感は消すことができます。**お金を増やすためのベースと仕組みを作れば、あっという間に解決です。**

本書は、仕事（会社や今のポジション）に関しては満足しているが、お金に関しては多少なりとも不満や不安がある、そんな人に向けて作りました。

内容は、今まで努力し続けてきた人であれば当たり前のことばかりです。しかし、その当たり前ができない人が世の中の大半を占めます。先ほどのニュースの見出しを見て心がざわついた時点で、あなたは「平凡な人」ではないのです。

改めまして、私はサラリーマン投資家のマイク（朝比奈・マイク・翔）といいます。サラリーマンの属性を使って不動産投資を行いながら、株式投資や投資信託も行っています。

現在の資産は2・3億円です。純金融資産だけでも1億円は超えていますので、富裕層に分類されます（不動産に関しては「査定額－ローン金額」としています。株や投資信託は時価総額です）。私の実家は裕福なわけではありません。本当に普通の家庭で育った人間です。

現在取り沙汰されている、

- 物価上昇による家計圧迫
- 年収は全国平均以上なのに貯金が貯まらない
- 退職金制度の崩壊

- 年金が足りずに定年退職できない
- 老後の資金が2000万円足りない
- 人生100年時代の長生きリスク

といった問題の解決は、あなたの今までの仕事に比べればはるかに簡単です。

本書には、富裕層になるためのノウハウを随所に散りばめました。必ずあなたの助けとなるでしょう。

お金への劣等感は今日限りでオサラバです。

「仕事」も「お金」もエリートの未来が、待ち構えています！

マイク（朝比奈・マイク・翔）

はじめに 002

第1章

お金を増やすためのベースを作る

■あなたのお金の行方は？ 018
■家計簿はつけなくて良い 023
■不快な支払いを見直す 027
■疲れる友人の見直し 033
■寄生虫異性に気をつけろ 038

第 2 章

お金を増やすための仕組みを作る

基礎編

■実体経済に連動すれば怖くない 044
■仕組みの基礎は「不動産投資」 048
■不動産投資にもいろいろある 053
■エリートサラリーマンは金融機関の特権階級 063
■手間をかけないことが最上 066
■最短で仕組みのベースを作る 069

第3章

お金を増やすための仕組みを作る ハイクラス編

■心の余裕がお金を生み出す 080
■おすすめのハイクラス投資法 084
■ハイクラスたるものの学びも必要 097
■自分にマッチする投資で勝負する 103

第4章

お金を増やすための最新テクニック

■「人類最大の発明」を活用する 118

第5章

時代に左右されないあなたの未来

■金融機関には攻略法がある 122
■個人と法人の二刀流が最強の節税術 127
■国内と海外の2つの拠点を意識する 135
■未来予想図を作る 140
■潜在意識の力をフル活用する 150
■今後の時代で勝つ人、負ける人 155
■頑張りすぎる癖を見直そう！ 159

おわりに 163

ブックデザイン　岩永香穂（ＭＯＡＩ）
ＤＴＰ・図表　横内俊彦
校正　菅波さえ子

第1章

お金を増やすためのベースを作る

大きな建物を作るためには土台が必要です。お金を増やすことも、土台となるベースがないことには始まりません。本章では、なぜお金が増えないのか、その原点に立ち返ります。

あなたのお金の行方は？

仕事もプライベートも充実し、毎日を忙しく過ごしているあなたは、財布の中をじっくり見たことはないでしょう。

いつの間にか財布からお札がなくなっていき、なんとなくＡＴＭから引き出して補充します。そして何気なく使っていたクレジットカードから毎月の請求額を見て、こんなに使った気はないのに……と思うことはないでしょうか。

お金は、手に入れることは大変で仕事を頑張らないことには入ってきませんが、出ていくときは本当にあっという間です。給料日は意識しますが、クレジットカードの引き落とし日は意識しません。知らないうちに手元からスルリと離れていきます。

これは仕方がないことなのです。我々人間の脳は、お金を残すことよりも使うことのほうが快感を得られるようになっているのです。お金を使うと達成感やゴールに到達した感覚になります。

ここでのお金を使うということは、生活するために必要な家賃や毎月自動で引き落としされる携帯電話の料金などではなく、自ら決めて買うものを指します(外食・映画・娯楽など)。

イメージしてください。

会社で目標設定をされて、その目標を達成して上司から評価されたら、どんな気持ちになりますか？

気持ちが良いですよね？

この気持ち良さのためなら、本来は嫌なはずの残業や休日出勤だって苦にならないはずです。あっという間に時間は過ぎていたでしょう。良い成績を出したい、チームや会社に貢献したいという気持ちが強いと、苦になるどころかワクワクする気持ちが勝っていたはずです。

例えば、気になっている人気のレストランがあるとします。何度も電話をして、なんとか予約が取れました。友人と楽しく食事をしているとき、飲んでいたお酒がなくなりました。お金を気にして、お酒のおかわりをためらいますか?

ほとんどの方は、お酒の値段を特に気にすることなく、おかわりをするでしょう。このときにお金を失くしているという感覚はありません。むしろ、目標達成(いきたかったお店での楽しい会食)のための行動ですので、使うことが気持ち良いのです。お金を使っている感覚すらないことでしょう。これは先ほどの残業が苦にならないどころか、残業している自分のかっこよさや責任感の強さに感覚が麻痺し、時間も忘れて仕事に没頭することと同じです。

このように、あなたが**お金をどこに使っているのか分からないのは当然**なのです。

［図表4］ 快楽と行動の関係

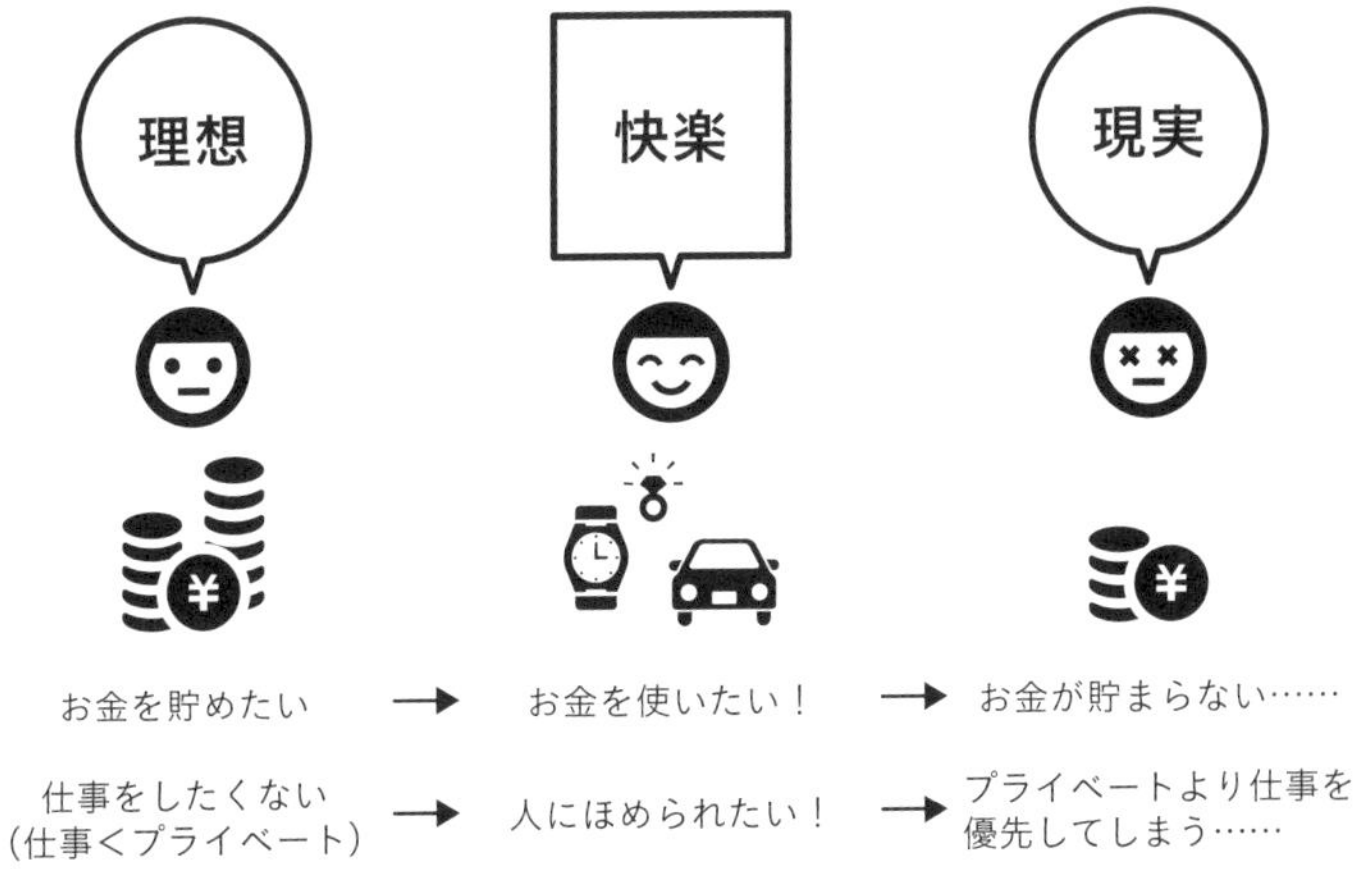
理想
快楽
現実
お金を貯めたい
お金を使いたい！
お金が貯まらない……
仕事をしたくない
（仕事＜プライベート）
人にほめられたい！
プライベートより仕事を
優先してしまう……

家や車など、ものとして残っていれば分かりますが、外食や映画などの場合はものとして手元に残ってはいないですよね。その場の楽しさや気持ち良さは残りますが、翌日になるとほぼ忘れてしまうことでしょう。そして、財布の中のお金も記憶にないうちになくなっているのです。

そうはいっても、快楽を止めることは嫌ですよね？

お会計を気にして会食をしても楽しくありません。快楽は残しつつ、**快楽にならない支出を減らす**

ことが、実はお金を増やすための第一歩なのです。

家計簿はつけなくて良い

お金を貯めるために家計簿をつけてお金の流れを見直そうと、経済評論家やFP（ファイナンシャル・プランナー）の方の多くがおっしゃっています。それもそのはず、金融庁が家計管理は必要なものだと提示しているからです。金融庁発行の「基礎から学べる金融ガイド」でも一番はじめの項目が家計管理です。

しかしながら、**家計簿って本当に必要でしょうか？**

家計簿をつけたからってお金を増やすことはできるのでしょうか？

答えは「否」です。

ほとんどの場合、日付・内容・金額・購入目的と記載しているうちに日々の入力作業が大きな負担になり、数カ月で家計簿をつけることをやめてしまった人が多いはずです。家計簿をつけた経験がある人ならご存じの通り、家計簿を毎日つけ続けるのは簡単ではありません。

ではどうしたら良いのでしょうか？

目的はお金を増やすことです。家計簿をつけることではありません。

先ほど、お金を使うことは快楽だと話をしました。逆にお金は使うけれども、快楽にならないものを洗い出すことが大切です。快楽になることを諦めてしまうとストレスになります。ストレスを溜めると健康にも悪いため、我慢する必要はないのです。仕事にも影響が出たら、それこそ本末転倒です。

快楽にならない支出は、

- 家賃
- 光熱費

■通信費
■保険

などの固定費用です。

これらのお金は口座から自動で引き落とされたり、クレジットカードで自動決済されたりすることが多いです。自分の意志とは関係なしに勝手に引き落とされています。自ら好んで支払っているわけではないので、ゴールが明確ではなく快楽は得られません。

これらの支出は快楽に関係がないため、本当は不要な支出になります。とはいえ、払わなくなると生活が成り立たなくなってしまうので、必要だけれども不快な支払いに分類されます。

家計簿をつける必要はありませんが、不快な支払いをあぶり出すことは重要です。

どのようにあぶり出すかというと、次の2つの方法があります。

①銀行口座の明細（1カ月分）を確認
②クレジットカードの明細（1カ月分）を確認

通帳に記帳しているならば通帳の入出金履歴を見れば、家賃は毎月いくら引き落とされているのか、携帯料金はいくら支払っているのかわかります。記帳していないのであれば、一度記帳だけしてください。ネットバンキングが可能であれば、すぐにでもインターネットで確認することができます。

クレジットカードで支払いをしている人もいると思いますので、毎月送られてくる紙の明細書、またはパソコンやスマホのアプリから明細を確認しましょう。

不快な支払いを見直す

先ほどもお話ししましたが、快楽にならない支出には、

- 家賃
- 光熱費
- 通信費
- 保険

などがあります。不快な支払いを少しでも減らすことが、お金を増やすためには重要になります。次ページから、不快な支払いを減らすための具体的な方法をご紹介します。

家賃

部屋に対してさほど思い入れがなく、生活に支障がないのであれば、思い切って今住んでいる部屋よりも家賃が安い物件に引っ越すのも良いでしょう。
毎月の生活費において家賃の割合は一番多いものです。引っ越し代金などを考慮しても家賃が1割安くなれば、すぐに元は取れるでしょう。

どうしても引っ越したくないという場合は、住んでいる場所や物件の空室率にもよりますが、更新タイミングで大家さんに値下げ交渉をすることも考えてみましょう。いきなりはなかなか納得してもらえませんが、空室が多いマンションや駅から遠くて客付けが難しい物件であれば、交渉によって家賃が下がる可能性もあります。

光熱費

昨今は燃料の高騰により光熱費が高くなっています。そこで、電力会社を見直すことで支出を抑えることができます。

「電気の自由化」という言葉を聞いたことがある方もいると思います。電気の自由化により電力会社だけではなく、さまざまな企業が電気を販売できるようになりました。関東地方で東京ガスを利用している方であれば「東京ガス」がおすすめです。また、携帯電話のキャリアがドコモのユーザーであればdポイントの還元率が高い「ドコモでんき」がありますし、ソフトバンクのユーザーであればスマートフォン（スマホ）割引がある「おうちでんき（ソフトバンクでんき）」というものもあります。あなたの生活スタイルにあった電力会社に切り替えるだけで、簡単に不快な支出を減らすことができます。

ほとんどのサービスはネットで手続きができるので、手間もかかりません。「新電力会社　おすすめ」とインターネットで検索してみてください。

通信費

現在はドコモ・au・ソフトバンクだけではなく、さまざまな携帯電話の通信会社が出てきました。sim フリー解禁になったことでスマートフォンをさまざまな通信会社の契約で使うことができます。通信会社を切り替えるだけで月々の通信費が半額になるケースも多いでしょう。通話よりもＬＩＮＥが多いのであればＬＩＮＥＭＯ」、通話が多いのなら「UQ mobile」などがおすすめです。

電力会社と同様に、あなたの生活スタイルに合った通信会社を選ぶことで、不快な支出が格段に減ることは間違いないです。

切り替えの手続きが面倒だという方は、半年に一度、今持っている携帯電話の通信会社の窓口に足を運んでみてください。通信会社は、料金が安くなる新サービスについて既存ユーザーにはほとんど宣伝しません。自分の首を締めることは、自ら行いません。そのため、知らないうちに本当は料金が下がっているのに前の料金のまま、ということが多いのです。それを防ぐためにも、定期的に窓口に行って料金の見直しをすることが大切です。現在は窓口だけではなく、インターネットや電話での見直し相談をしてくれる会社も多いので活用しましょう。

保険

医療保険や生命保険、学資保険、自動車保険など、万が一のために保険に入っている人も多いでしょう。

- 会社の労働組合からすすめられてなんとなく加入
- 友人の紹介のFPから加入
- 車を買ったディーラーから加入

さまざまな経由で、なんとなく勧誘されて、なんとなく保険屋さんのライフプランニングを見て、なんとなく納得し加入している人がほとんどではないでしょうか。

また、価格が安いからと気軽に入った保険が、10年経過したら一気に金額が高くなり驚いた経験がある人もいると思います。

保険に関していうと、この後に紹介する不動産投資を行うことで、実はほとんどのケースで不要になります。もちろん医療保険や自動車の損害保険など、一部必要なものもありますが、一番大きな支出である生命保険や学資保険を解約することが可能になります。

必要である医療保険や損害保険も、見直しをすることで大幅に支出や内容を変えることができます。あなたの加入した保険を提案したFPが複数社の提案ではなく一社のみの提案をしていた場合は、注意が必要です。複数社を提案されていない場合は、一度見直しをすることをおすすめします。FPといってもさまざまな人がいますので、公平にあなたの立場を理解して提案してくれる人が良いですね。

疲れる友人の見直し

友達付き合いに始まり、親戚や会社関係の付き合いなど、生活をしているとさまざまな人との付き合いがあります。

一緒に過ごすことや、連絡を取り合うことで楽しかったり、気分が落ち着いたりすることもあるでしょう。

しかしながら、一緒にいることで自分が疲れてしまったり、連絡が来ると気分が下がったりするマイナスの付き合いも、なかにはあると思います。

ある雑誌のアンケートでは「一緒にいるとしんどく感じる友人がいる」と答えた人が6割以上、という結果が出ています。自分で選択できる友人でもこの割合ですので、範囲を広げて、親戚や会社関係とすると割合はもっと多くなることでしょう。

そんな疲れてしまう人たちに対して、

例えば

■久々の地元の同級生の集まりで、「お前は給与が高いから」という理由で多く飲食代を払わされる

■お正月の親戚の集まりに呼び出され、関係が希薄な甥《おい》や姪《めい》にお年玉をせびられる

■好きでない会社の後輩の結婚式に参加し、余興も強要され、ご祝儀も支払う

のような支出があるとすると、一緒にいるだけで疲れてしまい、ストレスがかかっているのに、プラスで不快な支払いが加わります。

これらの付き合いは、「**疲れ×不快**」となり、あなたのストレス指数は相当なものとなります。お財布にも優しくないですが、精神衛生上もよろしくありません。はっきりといいます。不快に感じる人達との関係性は、もっと希薄にしても良いのです。

先ほどの事例をもとに考えてみましょう。

①参加しない
②少し参加する
③参加する

の3パターンで分けてみました。

> 久々の地元の同級生の集まりで、「お前は給与が高いから」という理由で多く飲食代を払わされる

①仕事が忙しいことを理由に欠席する
②Zoomなどオンラインで参加する
③「都会に住んでいるため生活費が高い」と話し、実質の手元に残った金額は少ないことをアピールする

お正月の親戚の集まりに呼び出され、関係が希薄な甥や姪にお年玉をせびられる

①お正月は自己研鑽《けんさん》のため海外で過ごすことにする
②忙しいため参加はしないが、お年玉のみ送付する
③現金ではなく、おもちゃや図鑑などで代用する

好きでない会社の後輩の結婚式に参加し、余興も強要され、ご祝儀も支払う

①「地元の友人の結婚式とダブルブッキングした」と丁重に断る
②電報と風船や花束のみ送る
③「披露宴は予定があって参加できない」として、2次会からのみ参加する

一緒にいると疲れる人とは、徐々に距離を取っていけば相手も気づいてくれます。そうでない場合には、①のようにあからさまな態度を繰り返して気づかせて

あげましょう。

人間関係も整理でき、普段から仕事で忙しいあなたの貴重なプライベートの時間も確保できます。そしてお金の支出も減らせるとは一石三鳥です。

寄生虫異性に気をつけろ

1つの世帯で2つの収入源があることを指す「ダブルインカム」という名称が浸透して、かなりの年月が経ちました。女性が働くのは当たり前となり、社会としても女性なしでは成り立たない経済になっています。

上場企業の女性役員の数は過去最高となり、政治家や医師の世界でも女性の活躍が目立っています。スポーツやアートの世界でも同じです。今後は専業主婦という言葉は過去の遺物となり、そしてダブルインカムという言葉も薄れていき、当たり前に夫婦2人とも働く時代になりつつあります。

そんなふうに経済的には男女が平等な世の中ですが、男女関係でいうとそうではないことがまだまだ多いように感じます。

男性から見て寄生虫な女性

- 食事では奢られるのが当然な女性
- 高額なプレゼントを要求し、派手な生活をＳＮＳに投稿する女性
- 元彼の事例を事あるごとに出してくる女性

このような寄生虫異性に出会ったら距離を置くことをおすすめします。間違いなくあなたの心に惹かれたわけではなく、あなたの汗水垂らして頑張って稼いだお金や、面倒見がいいところや責任感の強さに甘えているだけです。男女関係は真の意味で平等でないかぎり、そこに幸せはないのです。

女性から見て寄生虫な男性の事例もあると思いますが、私は男性であり平等な見解ではない可能性があるため割愛させていただきます。

では、先ほどの事例を解説していきます。

食事では奢られるのが当然な女性

働くことができない理由があるのであればもちろん仕方がないのですが、そうでない場合は、このタイプの女性は何もかもあなたの金銭を狙ってくることでしょう。そして、あなた以上に支払い能力が高い相手を見つけると乗り換えられる可能性があります。

高額なプレゼントを要求し、派手な生活をSNSに投稿する女性

目的が「自分が目立つこと」になっているタイプです。自分を良く見せるために他人を利用しようとしています。相手の幸せではなく自分の自慢のためです。友人も多いように感じますが、本当にこのタイプの人を好きな人はいないでしょう。付き合うとおしりの毛も残らない状況になります。

元彼の事例を事あるごとに出してくる女性

自分に少しでも得がないか探しているタイプです。過去の彼氏と比較をし、少

しでも自分に得が来るように仕向けています。この比較に乗ってしまい元彼以上にと、頑張ってしまうと思う壺です。また、自分は異性からモテるアピールも強く、競合がいるのだから自分に沢山貢いでほしいという思惑もあります。

このような寄生虫異性は見直し対象です。あなたの大切なお金を蝕むばかりか、あなたの精神をすり減らすことになります。エリートなあなたは、あなたにふさわしいパートナーと必ず巡り会えます。

第1章では、お金を増やすためのベース作りについて話をしてきました。まとめると、あなたにとってストレスになるような、支出・交友関係・異性関係を見直すことで簡単にお金が貯まる状態になります。この状態になることがお金を増やすためのベースとなります。次章は実際にお金を増やすための仕組みの基礎編となります。

第2章

お金を増やすための仕組みを作る

基礎編

お金を増やすための仕組みができれば、勝手にお金は増えていきます。第2章は基礎編なので、いかに手間をかけずに効率良くお金を増やすかに焦点を当てています。仕事が忙しすぎる人は、本章のノウハウだけで十分かもしれません。

実体経済に連動すれば怖くない

この本を手に取られている人は皆さんご存じかと思いますが、我が国、日本は資本主義社会です。資本主義社会を維持するためには緩やかなインフレーション（インフレ）は絶対的に不可欠です。短期的なインフレやデフレーション（デフレ）を繰り返しながら、緩やかに右肩上がりをしていくことで経済を保っています。いわば、日々発展していくことが使命である経済なのです。

まずはお金を増やすための基礎として、**実体経済に連動する仕組みが必要になります**。この仕組みでは短期的にお金を増やすことはできませんが、社会情勢に応じてお金を増やしてくれます。社会に取り残されないことが、一番の安心材料ではないでしょうか。

［図表5］金の価格の推移
その年の小売最高価格（税抜）

1973年	1,160円/g
1983年	3,975円/g
1993年	1,440円/g
2003年	1,510円/g
2013年	5,084円/g
2022年	8,154円/g

出所：田中貴金属工業株式会社

とはいえ、あなた自身やあなたの周りで実体経済に連動する仕組みを保有している人を見たことがあるでしょうか？

ほとんどの人は見たことがない、わからないと思います。

実際の話、**このような仕組みを理解して財産を保有している人は、全社会人の3％にも満たない**といわれています。しかし、富裕層や準富裕層と呼ばれる人や代々の資産家は90％以上が仕組みを理解しています。

「郷に入っては郷に従え」というように、あなたが資本主義社会のルールに従って生活しているのであれば、そこでの目指す姿に「従う」のが賢いお金の増やし方なのです。

実例をいくつか挙げてみます。［図表5］の金の価格は1973年には1160円／gでしたが、2022年では8154円／gと上がっています。また、都心部のマンション価格も実体経済に連動して価格が推移します。［図表6］のようにバブル時代に価格が突出しましたが、基本的に上がり続けています。首都圏に関しては、現在はバブル時代を超えています。

価値のあるもの、価格が上がり続けるものをしっかりと理解することが、お金を増やす仕組みを手に入れるためには必要なのです。

［図表 6］新築マンションの平均価格の推移
（1985 ～ 2021 年）

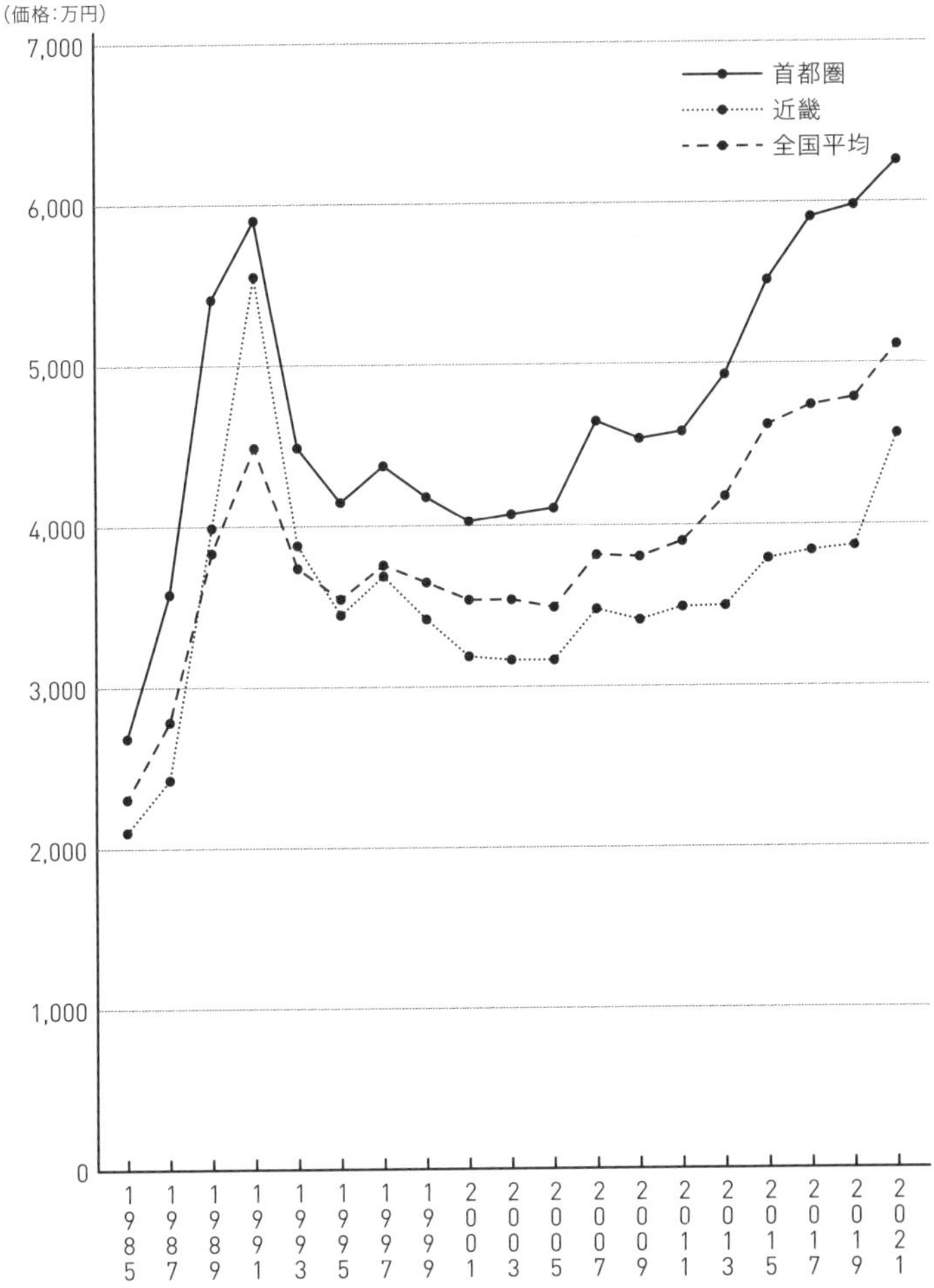

出所：不動産経済研究所のデータをもとに総合法令出版が作成

仕組みの基礎は「不動産投資」

はじめにいいますが、お金を増やす仕組みの基礎はズバリ「不動産投資」です。
不動産投資には2つの収入源があります。

①家賃収入

家賃収入とは、**所有不動産を貸すことで得られる家賃**のことです。

一般的に、この家賃収入を不動産投資によって得られる収益とイメージする方が多いと思います。わかりやすくいうと「大家さん」のことです。

②売却益

売却益とは、**所有不動産を売却したときに購入時よりも高値の場合に得られる**

収益のことです。

資金源が豊富な資産家が、土地やビルを売却して得るイメージが多いのではないでしょうか。

どちらにしてもお金持ちがすることで、不動産投資は自分には関係がないと思った人も多いはずです。確かに、大家さんも資産家もどちらも富裕層の話です。

しかし、**富裕層に仲間入りをしたいのであれば、富裕層のルールに従うことが一番**です。先ほど、資本主義のルールに従うことが大切だと話をしましたが、資本主義社会でお金を多く持ち、成功している富裕層は、資本主義のルールに従ってお金を増やし、財産を作った先駆者なのです。先駆者が示してくれたお金を増やす仕組みを取り入れるのが、一番手っ取り早い方法です。

資本主義社会では土地の所有者である地主が、一番富を築きやすい階級とされています。カール・マルクスの『資本論』に詳細は書いてありますが、近代社会は、地主制を作ったことで地主は土地を貸して地代を得ます。借り主はその土地に農場や工場を作り、そこに労働者を招き入れて利益を得ます。地主は労働者に対して住居を貸して家賃収入を得ることもありました。

そして、賢い労働者は労働で稼いだ賃金を使って地主と交渉し、土地を分けてもらい、購入しました。その土地を使って地主の真似事をしたのです。規模を着実に大きくし、労働者が地主になることも多かったといいます。

ここで賢い読者の人は気づいたかと思います。富裕層になるためには、近代社会の賢い労働者と同じことをすればいいのではと。

労働するだけではなく、資本（地代）を生むもの（ビルやマンション）を保有していくことが必要です（図表7参照）。しかし、ビルやマンションを購入する資金を労働賃金だけで用意するのは実際には大変です。

確かに、数億円するようなビルや数千万円するようなマンションを一括現金で購入する資金を確保するためには、相当な労働が必要になるでしょう。

［図表 7］労働者が地主になるまで

① 地主の工場や農地で働きながら資金を貯める

② 貯めた資金で地主と交渉して土地を手に入れることで、小規模ながら経営者兼地主となる

③ 自分の土地に工場や農地を作り、労働者を迎え入れる

④ 規模が大きくなったら土地を買い足していき、その土地を工場や農地を経営したい人に貸す

⑤ 結果、労働をしなくても地主として経営が成り立つ！

しかし、不動産投資といってもさまざまな種類があります。資金がある人はもちろんですが、手持ちの資金がほとんどない人でも投資可能なものも実はあるのです。

不動産投資にもいろいろある

お金を増やす仕組みの基礎は不動産投資であると話をしましたが、不動産投資といってもさまざまなものがあります。私のような普通のサラリーマンでも取り組みやすい順に紹介していきます。

①ワンルームマンション投資

人口が多く、賃貸需要の高い都心部のワンルームマンションを購入して、家賃収入を得る仕組みです。

ローンを組んで購入するのですが、返済は家賃収入で行います。完済後は、家賃収入から管理費などの必要経費を引いたものが利益となり入り続けます。ローンは家賃収入で返済していくことができるので、リスクは低いといえます。

［図表8］ワンルームマンションを購入するときの流れ

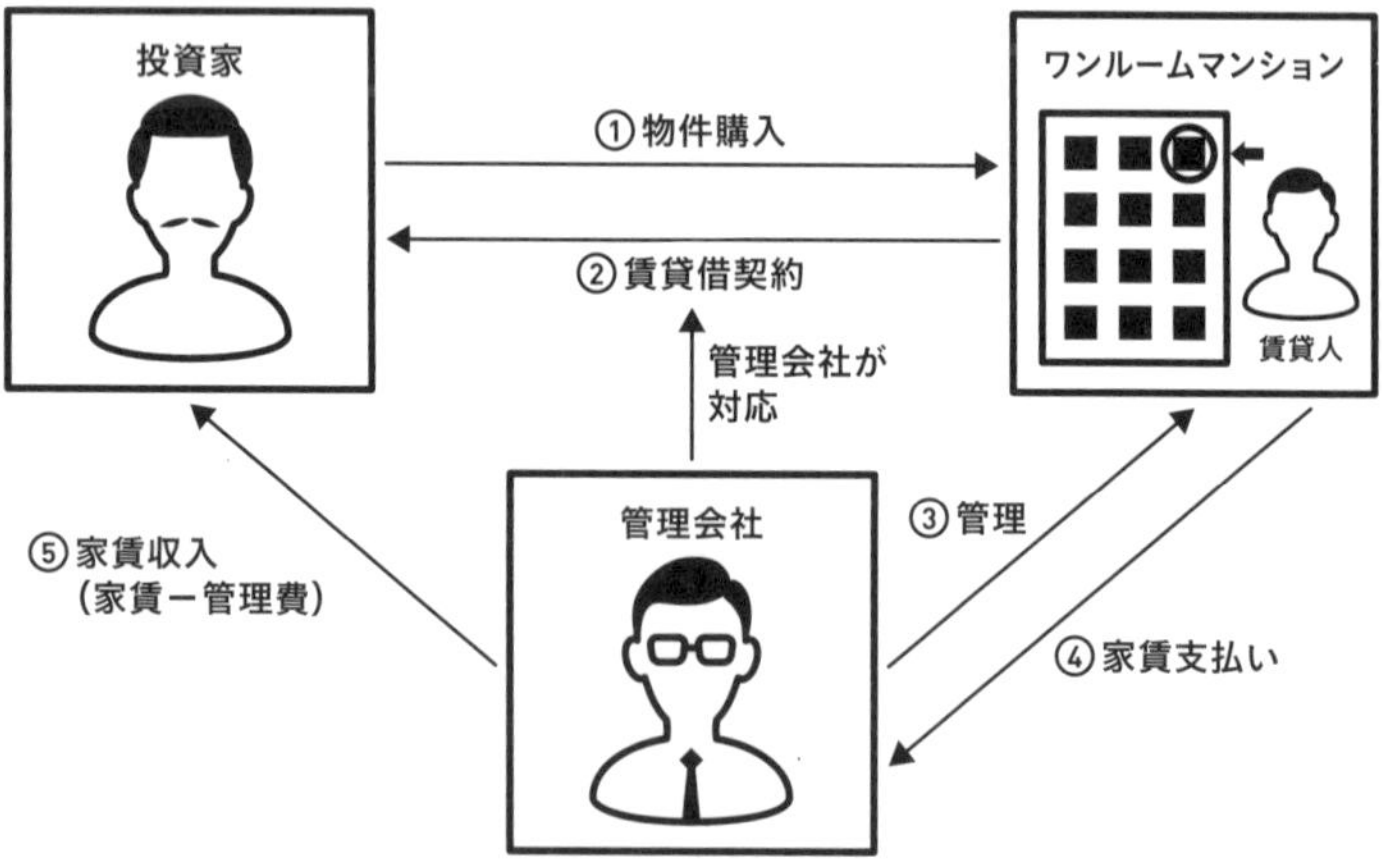

購入後のマンション管理は管理会社に代行することで、**手間をかけずにリターンを得ることができる**のもマンション投資の大きな魅力です。

メリットは、

- 安定した収入を得ることができる
- 節税効果がある
- インフレに強い
- 相続税対策になる

ということがあります。

ワンルームマンション投資の魅力としては、安定した収入を見込める可能性が高い点です。賃貸需要が高い現状があり、実際に都心部のワンルームマンションの稼働率はほぼ100％といわれています。マンション投資の最大のリスクである空室リスクについて、主要な都心部であれば物件選びを間違わない限り心配はいりません。ファミリー向けの場合はニーズなどの関係もあり、うまく決まらないこともありますが、単身向けのマンションは今後も需要は高まり続けることが見込めます。

また、不動産は資産としてインフレに対応しており、インフレで物価が上がる場合は、比例して家賃も上がります。売却時も同じで、価格上昇が見込まれるため、インフレに強いことは大きなメリットです。

ほかにも、ワンルームマンション投資は保険の代わりにもなります。購入時に加入が必須な団体信用生命保険があれば、死亡保障保険の代わりとなります。途中売却を視野に入れれば、売却益が学資保険になることもありえます。

デメリットは、

- 物件選びを間違うと赤字になることもある
- 物件によっては、収益化や現金化に時間がかかることもある

などがあります。

インフレに強く、安定収入が見込める半面、良くも悪くも物件選びが最重要ポイントだといえます。粗悪な物件をつかまされてしまうと、赤字になってしまうことや、売却についても時間がかかってしまう傾向にあります。

②一棟不動産投資（アパート・マンション）

銀行から融資を受ける形で不動産物件を購入し、賃貸に出すなどして収益を得る仕組みです。融資を受けることで、少ない資金からでも始めることができます。銀行によっては頭金も含めたフルローンで融資を受けることができるため、手持ちの資金を一切使うことなく物件を購入し、家賃収入から返済を行う方法もあり

ます。

メリットは、

- 節税になる
- レバレッジが効く

ということがあります。

融資を受けて物件を購入しても、家賃収入が返済額を上回れば、利益を得ながらローンの返済が可能になります。ローン完済後は、家賃収入分が全て利益となります。

デメリットは、

- 大規模な修繕で費用がかかる可能性がある
- 固定資産税が発生する
- 空室リスクがある

などです。

どんな物件も大なり小なり修繕が発生し、場合によっては多くの費用がかかる大規模な修繕が必要になることもあります。また、固定資産税もかかってくるので、いろいろと出費がかさむこともあります。

一棟不動産の場合、立地によっては空室が出ることもあります。空室の間は家賃が発生しないので、場合によっては赤字経営になることも考えておく必要があります。家賃保証のある業者も増えていますが、空室リスクへの対策は自分自身でも備えておくことが大切です。

一棟不動産投資は、ワンルーム投資とは違って、ただ投資するだけでなく、経営、運営の視点が必要になります。大きな借り入れを行うことからも、事業として取り組むことを考えていない人は避けたほうが良いでしょう。

③ファミリーマンション投資

マイホームの住み替えを繰り返しながら収益を得ていく不動産投資です。**マイホームマンションを購入し、値上がるタイミングを見計らって売却します。**住み替えが生き物のヤドカリに似ていることから「ヤドカリ投資」と呼ばれることもあります。

メリットは、

- 低金利
- 自身が住むため、空室の心配がない
- 住宅ローン控除が使える可能性がある

ということがあります。

住宅ローンの金利は投資用ローンの金利より低いことが最大のメリットでしょう。住宅は生活に必要であるため、投資よりも金利が優遇されています。また、自身が住むことになるので空室リスクはありません。ただし、ローンの支払いは必要となります。

デメリットは、

- 物件選択が難しい
- 収益化まで時間がかかる

などです。

ファミリー用はワンルームとは異なり、利便性や立地だけではなく、感情が入ってきます。1人暮らし用ではないためさまざまな家族の意見が反映されます。次に売却するときも相場というものがあっても、それ以上に感情に価格が左右されるため、売り時のタイミングを測るのが難しいのです。そのため、必ずお金が増える物件を購入するのは運も影響してきます。

④築古戸建て投資

数百万円ほどの中古戸建て物件を購入し、自身でリフォームを行い賃貸に出す方法です。元々が現金での購入なので、家賃はそのまま手元に入ってきます。都心部での投資は金額的にも厳しいですが、郊外であれば空き家も多いため安い金額で購入が可能です。

メリットは、

- 金額が安い
- オリジナリティを出せる

何よりも金額が安いです。中には無料という物件もあります。また、自分でのリフォームが基本ですので、自身の作品のような感覚でＤＩＹなどもできます。自己満足度は高いです。

デメリットは、

- リフォーム費用が不明
- 空室リスク
- 融資が出づらい

タダ同然の物件ですので、修繕箇所の想定が難しいです。購入費用よりも修繕費用が高くなることもありますし、生活しないとわからないことはたくさんあるため、賃貸がついてからの予想外の出費も出てきます。また元々が郊外のため客付け（借り手を見つけること）に苦労する可能性もあります。

エリートサラリーマンは金融機関の特権階級

あまり知られてはいませんが、サラリーマンは、不動産投資を始めるにあたって銀行からローンを引くことができます。サラリーマンという安定した職業に対して、金融機関は最大級の評価をしてくれます。**社会的にとても信用されているという特権を持っている**のです。

これが中小企業の社長やフリーランスでは、評価をしてくれません。今年も安定、来年も安定、定年まで安定といえるサラリーマンだからこそ可能なのです。大学を卒業してすぐに融資を受けるのは難しいですが、おおよそ3年目以降であれば融資が可能な金融機関が出てきます。

サラリーマンは非常に大変な仕事です。毎日出社して、朝から晩まで働き、休みも週に2日しかありません。連休といっても夏と冬くらいです。そして日々の業務は多忙で、会議なども日常です。

「石の上にも三年」といいますが、3年以上という長年の苦行に耐えることができたサラリーマンだからこそ、堅実に不動産投資を行い、ローン返済をしてくれると金融機関は評価してくれるのです。

では、具体的にはどのくらい融資をしてくれるのでしょうか？

金融機関は、年収のおよそ8〜10倍近い金額を融資してくれます（複数の金融機関を利用することが条件）。年収600万円であれば6000万円ほどの融資を受けられます。そして返済実績や勤務先、資格などによっては20倍という場合もあります。**今まで金融機関と取引実績のない人でも、サラリーマンという特権階級であれば難なく融資を受けることが可能になる**のです。

そして、もし仮にサラリーマンを辞めたとしても、すぐに返済してほしいといわれることもありません。長年サラリーマンという名の苦行に耐えることができたエリートであれば、その後もさまざまな困難に立ち向かうことができると判断をしているのです。金融機関は長年の統計実績からサラリーマン経験者の勤勉さを分かっているのです。

あなたは、その勤勉さで知らないうちに信用を勝ち取っていたのです。

手間をかけないことが最上

我々サラリーマンにとって、いかに不動産投資が適しているかはご理解いただけたかと思います。

とはいいつつも、日々責任を問われる立場にあるエリートサラリーマンには、物件をリフォームしたり、定期的に清掃をする時間はありません。平日は業務に追われ、終業後も接待や次の日のプレゼンのための準備に追われ、土日もゴルフや自己研鑽のためのスキルアップと、不動産投資に時間をかけることはなかなか難しいものです。さらに家族がいるとなれば、家族を養い、家庭を安定させる責務もあります。仕事と家族サービスだけで手一杯になり、自分の趣味の時間も作れないことでしょう。

しかしながら、先ほどお話ししたワンルームマンション投資や一部の一棟不動産投資であれば、**管理会社に丸投げすることができるためほとんど手間はかかりません。**マンションの清掃から退去時の部屋の清掃、入居募集から契約、家賃回収など全て管理会社にお任せできます。もちろん管理費用は管理会社に支払うわけですが、通常は家賃の5％前後であるため微々たるものです。空室時には発生しませんので、あくまでも入居者がついているときのみ発生します。オーナーがすることは確定申告の手続きくらいです。これも税務の専門家に丸投げが可能ですので、実質手を煩わすことはありません。

具体的に見てみましょう。

利回りが4％の物件（3件購入し、価格合計7000万円）を購入したのであれば、毎月管理費などを引いたとしても**22万円ほどの収入を得られます**（ローン返済や利息は除く）。

何もしなくても勝手に毎月22万円貯まっていく、「不動産投資」という名の貯金箱があったらどうですか？

部下が1人できたようなものですね。しかも、その部下の給与は全て自分に入ってきます。生意気な意見を口にしたり、反抗的な態度もとったりしません。まじめにコツコツとお金を増やしてくれます。

基礎はあくまでも手をかけないことが大切です。そして基礎で大まかな投資のイメージを作っていきます。イメージをつかむことさえできれば、間違いなくさまざまな視点で投資の大枠を捉えることができます。この話の詳細は後ほど解説していきますね。

次項では最短かつ、一番手間がかからないお金を増やす仕組みを作る具体的な方法をお話しします。

最短で仕組みのベースを作る

ここまでさまざまな不動産投資についてお話ししてきましたが、どの不動産投資を始めれば最短で仕組みのベースを作ることができるのか、分からないという人もいるかもしれません。

答えは、シンプルです。

都心部のワンルームマンションを複数件ローンで購入するだけです。

都心部のワンルームマンションは本当に優秀なのです。

ローンを返済、または繰り上げ返済

毎月1件あたり数万～10万円ほどの収入が得られます。私はローンフリー物件を保有しているので、毎月何もしなくても8万円ほど入ってきます。

5年ほどの期間寝かす

売却益は寝かせることで1件あたり数百万円ほど見込めます。私が過去に売却したもので、6年弱保有して利益が700万円強となった物件もあります。

先ほどの2つのメリットは、言い換えれば、

・給与以外に毎月数万～10万円（1件あたり）ほどの収入が得られる

↓

毎月この範囲内で株式投資やＦＸをしても、給与には差し障りがない

・売却益が数百万円（1件あたり）ほど見込める

←一棟不動産の大規模修繕のときに貯金を使わずともワンルームの売却益で賄える

といった活用法もできるのです。

この活用法はこの後にお話しする第3章での「ハイクラス編」に有効なのですが、老後の資金2000万円不足問題や年金問題程度であれば、都心部のワンルームマンションだけでも簡単に解決が可能です。

さらに、社会的に問題視されている次の課題も解決することができます。

老後の資金2000万円不足問題

［解決方法］

▪ローンフリーのワンルームを複数件売却で確保

■家賃収入が毎月15万円ある場合、年間180万円の収入となるため、11年ほどで2000万円貯めることができる

年金問題

［解決方法］
■家賃収入で年金減額分を補填することができる

年2%上昇しているインフレ問題

［解決方法］
■年収1000万円の2%は20万円のため、年間の家賃収入が20万円以上であれば解決する
■家賃や物件価格はインフレに連動しているため上昇し続ける

このように簡単に解決してしまいます。もちろん解決のためには、どんな物件でも良いというわけではありません。次の4つの条件を満たした物件であることが重要です。

①都心部であること
②駅から徒歩10分以内であること
③築年数が20年以内であること
④購入時に適正価格であること

ここまではっきりとお金を増やすための仕組みの基礎は都心部のワンルームマンション投資と言い切りました。メリット以外にも、忘れてはいけない非常に大切なポイントがあります。

それは**リスクが低い**ということです。**都心部のワンルームマンションは考えられるほぼ全てのリスクに対処できます。**リスクが低く再現性が高いからこそ、基礎となりうるわけです。
リスクとしては、次の5つが考えられると思います。1つずつ見ていきましょう。

①空室リスク
②家賃下落リスク
③物件価格下落リスク
④災害リスク
⑤AI化リスク

①空室リスク

「空室になったらどうしよう」、「空室期間がずっと続いたらどうしよう」と考える方もいるかもしれません。しかし、そもそも都心部で駅から10分以内の物件であればそう簡単に空室にはなりません。**都心部の駅から徒歩10分以内かつ築年数**

が20年以内の物件であれば、入居率はほぼ100%といえます。

そして何より重要なのが、最初から1年のうち1カ月は空室があると想定することで、想定の範囲内となるため多少の空室期間は怖くありません。実際には一瞬で空室になっても満室にする裏技もあるのですが、ここでは割愛します。

②家賃下落リスク

家賃は物価に連動するため、インフレの資本主義社会である日本では徐々に上がり続けます。20年前の家賃と現代の家賃では、物件グレードが同じ場合は1.8倍ほど上がっています。20年前の物件のパンフレットをみると、そのときの家賃が今から考えると安すぎて本当に驚くものです。

とはいえ、家賃が徐々に上がり続けるのは、相場家賃の場合です。**購入時に相場家賃とかけ離れた物件を購入しないことが大切**です。

③物件価格下落リスク

②と同じ理由から、日本はインフレ社会のため物件価格も上がり続けます。と

いうことは、長期で見れば物件価格が下がるリスクはほぼないといえます。47ページの［図表6］のように、35年前と比べて同じグレードのマンションの新築価格は2倍以上になっています。しかしながら、こちらも適正価格で購入した場合に限ります。

また売却の際も、それまでの物件の状態や関わってくる業者によって売却価格は変わるため、注意が必要です。

④災害リスク

日本は地震が多い国なので、自然災害は気になるところです。しかし、蜂の巣のように小さい部屋がたくさんあるワンルームマンションは、地震に非常に強くできています。ワンルームマンションが倒壊するような地震があれば、そのときは日本自体が消滅しているでしょう。それ以外であれば、保険でカバーできるため不安はありません。物件に異常がなくとも保険活用ができることも多々あるので、実は災害にはメリットも出てきます。

⑤ＡＩ化リスク

ＡＩの発達で賃貸がなくなることはありません。そしてＡＩに住む家を選んでもらいたい人は相当少ないでしょう。家は仕事から帰ってくる場所です。都心部のワンルームマンションであれば独身や単身赴任中のエリートサラリーマンが戻ってくる家となります。オンとオフを切り替える場所を感情抜きでＡＩに任せることはできないでしょう。戦士の束の間の休息の場所です。いわば、聖地なのです。

このように5つのリスクをみてきましたが、都心部のワンルームマンション投資は、あらゆる側面から考えてもリスクが限りなくゼロに近い投資なのです。

第3章

お金を増やすための仕組みを作る

ハイクラス編

ここからは、ハイクラス向けのノウハウをお話ししていきます。普段の仕事での経験やアイデアが生きてくる内容が満載です。あなたの今までの実績を使って、さらにお金を増やしましょう。

心の余裕がお金を生み出す

まず、ハイクラス向けの投資を実践するには、お金を増やすための基礎が整った状態でないといけません。いきなりハイクラス編に突入することも可能ではありますが、基礎がないと運に頼る要素が強くなるため、成功する確率が下がり、お金を増やすために投資したお金が減ってしまうことになります。減るくらいならまだ良いですが、全て失ったとしたら目も当てられません。

仕事もそうですが、必ず基礎トレーニングや研修をすることでいざ実践となります。いきなりプレゼンや商品開発をしろといわれても、土台無理な話ですよね。そこで会社は多くの研修を行います。私も入社当初、フレームワークの研修からロールプレイングゲームを何度も何度も同僚としていたときは、同じことの繰り返しでなぜこんなことが必要なのか疑問に思っていましたし、気分が悪くなったこともありました。

しかし、実際に配属されたときにはじめて気がつきました。チームとしてプロジェクトを推進していく中で気づいたのです。

「心の余裕」を。

基礎訓練や研修をしてきた自負があるからこそ、心の余裕が生まれます。余裕があるからこそ、焦ることもありませんし、仕事の一連の流れをみることもできます。冷静に物事を捉えることができるので、上司の言葉や機嫌に流されることもありません。社会に役立つことを、堂々と発信することができるのです。

お金を増やすことも同じです。都心部のワンルームマンションがあるからこそ、ハイクラス向けの投資で万が一が起こったとしても平然としていられます。ワンルームマンション投資で基礎を作った結果は、後々利益をもたらしあなたを助けてくれます。投資をしていない人生よりもはるかに前に進んでいます。

例えば、

株式投資にチャレンジ！　予期せぬ市場の変化で300万円失っても、ワンルームマンションを売却したら600万円の利益が確定
←
売却後も300万円残るので、再度株式投資にチャレンジできる！

一棟アパート投資で急な出費！「外壁の修繕が必要で100万円かかる」となっても、ワンルームマンションの毎月の収支が10万円あれば1年もかからずに修繕費用の回収ができる
←
修繕により外観の魅力が向上し、家賃を上げることが可能になり収益力のUPに繋がる！

このように、本業の給与から補填することはなく、仕組みの基礎を利用するだけでリカバリーが可能となります。また、リカバリー以上の結果が出ることも多々あります。

心の余裕は最も大切なことです。余裕があるからこそ冷静に判断することもできますし、視野も広がります。そのようになると、危険な橋を渡って、損することもなくなります。

おすすめのハイクラス投資法

心の余裕があれば何事もうまくいくとお伝えしましたが、いざ実際にハイクラス向けの投資をしようと思ってもどんなことをすれば良いのか、気になるところですよね？

仕組みの基礎編では「都心部のワンルームマンション投資」一択でしたが、ハイクラス向けとなるとさまざまな投資法があります。ここではハイクラス向けの代表的な投資法を3つお教えします。

①一棟アパート投資
②株式投資

③投資信託

ではそれぞれ詳しく見ていきましょう。

①一棟アパート投資

賃貸需要が見込めるエリアでアパートを購入します。ワンルームマンション投資とは異なり、毎月大きなキャッシュフロー（家賃収入からローンの返済や経費などの現金支出を差し引いた手元に残る現金）が得られるのが魅力です。キャッシュフローが見込める理由としては木造ですので、**RC造（柱や梁などの主要構造部を鉄筋コンクリートで構築している建物構造）のマンションに比べて建築コストが低いこと、自動ドアやエレベータなどの共有設備が少ないため維持費用が安いこと**です。

これにより、毎月のキャッシュフローが生み出されます。購入するアパートにもよりますが、年収の10倍から20倍近くまで借り入れが可能です。**アパートからの収入が本業の年収を超えることも多々あります。**

私も4棟保有していますが、トータルのキャッシュフローは給与以上になっています。

一棟アパート投資でうまくいくためのポイントをお教えします。

■利回りよりも安定性

■信頼できる業者から購入する

利回りとは、投資用不動産の運用で得られる年間の見込み収益のことです。キャッシュフローを求めるがあまり、利回りを追求して購入してしまうことを最も避けなければなりません。物件の提案資料には満室想定の利回りが記載されています。しかし、本当にその物件は常時満室なのでしょうか？

例えば、利回りが15％の青森県の物件と、利回りが8％の神奈川県の物件が同じ価格の5000万円で販売されているとします。

■青森県の物件
5000万円の物件で年間利回りが15％だと、年間750万円の家賃収入です。ローン返済や諸経費など引くと実質420万円ほどが手元に残る計算（シミュレーション）です。
しかしながら実際は地方のため、空室率が40％ほどの可能性があります。すると実質の手残りは120万円ほどとなります。

■神奈川県の物件
5000万円の年間利回りが8％だと年間400万円の家賃収入です。ローン返済など引くと実質140万円ほどが手元に残る計算（シミュレーション）です。都心部のため、空室率が5％ほどと計算すると、実質の手残りは120万円ほどとなります。

これだけみるとほぼ同じように思いますよね。しかし実際は空室が多いと入居のための宣伝費用が多くかかります。また、青森県の物件の場合は冬場の除雪費用なども発生するため、利回りが2倍近く高くても神奈川県の物件のほうが実質の手残りが良くなります。

この見極めが、安定性が高い物件を購入する、ということです。

本来は一棟アパート投資も、ワンルームマンション投資のような都市部の駅近が望ましいのですが、土地価格が高いためキャッシュフローが出にくいのが現状です。

そのため、**安定性が高いおすすめのエリアは、都市部よりは少し外れるが人口が減少していないエリア**となります。

そして何よりも重要なポイントが、信頼できる業者から購入するということです。

一棟アパートは購入する前に、

- 前のオーナーが修繕をしっかり行っていたか
- 家賃の滞納や騒音トラブルの原因となる不良住民を受け入れていないか
- 地盤に問題がないか

などを、販売業者が事前に確認していることが必要になります。

私の経験上、信頼できる業者の見極めは、すでに一棟アパート投資で成功している人からの紹介が一番手っ取り早いです。そのような業者であれば、きっちりと対応してくれることは証明されています。また、一見さんより、すでに付き合いのある投資家からの紹介のほうが大切にしてくれるはずです。

ポイントをしっかりと押さえれば、必然的に一棟アパート投資は成功に近づきます。

一棟アパート投資のほかに「築古戸建て投資」があります。ですが、こちらはリフォームなどが必須となり随時修繕が必要のため、自由業など時間がコントロールできる職業の人のほうが向いているかもしれません。私も過去にリフォームをして実践しようと思いましたが、あまりの面倒さに途中で諦めてしまいました。

②株式投資

個別株銘柄に対して投資をします。興味を持つことができる銘柄を常時10〜20ほど保有します。

銘柄を購入するときのポイントは3つあります。

①好きな銘柄を買う
②複数銘柄を購入する
③リカバリーできる範囲内にする

株式投資において非常に大切な要素は、株価が下がってきたときにぐっと我慢

をできるかどうかです。我慢して待つことができれば、その後に株価が上昇するケースは多々あります。そのためには〝待つための理由〟が必要となります。会社の理念が好きだから、会社の製品が好きだから、会社の今後の方針が魅力的だからと、何でも良いです。

あなたの恋人に対しての感情に置き換えるとわかりやすいかもしれません。顔が好みだから、性格が優しいから、お金を稼ぐからと何でも良いのですが、あなたがぐっと我慢できるには、恋人に何かしら好きなポイントがあるはずです。なんとなくで付き合うとその後のアクシデントですぐに別れることは多いでしょう。株式銘柄も同じなのです。

また、複数銘柄購入することも大切です。**株式は、不動産投資のようにオーナーの力で価値を上げることは、市場などの外部要素を加味すると難しい**です。そのリスク対策として複数の銘柄を保有します。

稀にしか発生しないが、いったん発生するとその影響が極めて大きい事象を

「テールイベント」と呼びます。ただし、実際に日経225（東京証券取引所に上場している主要225銘柄の株価をもとに算出している株価指数）や、S&P500（米国で時価総額の大きい主要500社で構成する時価総額加重平均型の株価指数）の株価の価格を牽引《けんいん》しているのは、全体の株式銘柄の10％未満といわれています。2018年にはAmazon株だけでS&P500のリターンの6％を牽引した事実もあります。

私も過去にmixi株がフィーバーし、ほかの株のマイナス分を帳消しにしたどころか莫大な利益をもたらしてくれたことがあります。これがテールイベントの力です。

最後に大事なポイントは、基礎編で実践したワンルームマンション投資の利益でリカバリーできる投資金額にすることです。もし万が一の事態が起こっても、日常の仕事（給与）に影響がでない範囲内で投資をします。

例えば、5年間保有で売却益が最低でも300万円以上は見込めるワンルームマンションを5件保有しているのであれば、1500万円を5年間で使うことができる上限とします。その範囲内であれば心の余裕があるため、日常に影響しません。

投資が日常に影響を及ぼし、仕事やプライベートに支障が出ては本末転倒です。仕事では常にエリートであり続け、プライベートは充実一途が一番です。

③ 投資信託

インデックスファンド（投資信託）に**ドルコスト平均法で最低でも10年以上投資します**。ドルコスト平均法とは、価格が変動する金融商品を常に一定の金額で、かつ時間を分散して定期的に買い続ける手法のことです。

「インデックスファンド」とは、特定の株価指数（インデックス）と連動するように作られた投資信託です。インデックスファンドは連動する指数が上昇すると値上がりし、下降すると値下がりします。有名なインデックスは日経225やNYダウ、S&P500などがあります。

インデックスファンドの良い点は、景気に連動しているという点です。資本主義社会であればインフレは必須のため、企業価値も日々上がっています。

実際にNYダウの株価は、**1970年から2021年の52年間でみても約236倍になっています。**

続いてS&P500の株価は、**1960年から2021年の62年間で株価指数が約77倍になっている事実があります。**

下がるときは数年下がったままですが、10年スパンで見れば確実に上昇しています。

だからこそ、**購入するなら「ドルコスト平均法」がおすすめ**です。常に投資金額と時期を一定にすることで、価格が低いときには購入量が多く、価格が高いときには購入量が少なくなり、平均購入単価を抑えることが期待できるのです。

このような商品は投資信託だけではなく保険にもありますので、あなたの状況に応じて使い分けると良いでしょう。つみたてNISAを使うメリットもあります。

ここまで、ハイクラスの投資先の代表的かつ、おすすめの投資法を3つ紹介しました。

ほかにもFXや仮想通貨などの投資もありますが、FXはレバレッジをかけることができるため、投資する上限を定めていても、その場の勢いで上限を簡単に破ってしまいます。

レバレッジとは、本来「てこの原理」という意味ですが、金融業界でレバレッジといった場合には、借り入れを利用することで、自己資金のリターン（収益）を高める効果が期待できることを指します。また株式投資や投資信託のように緩やかな流れではなく時間軸が短いため、証券会社のマイページを定期的にチェックする必要があります。

仮想通貨は可能性を秘めてはいますが、まだまだ不安定な市場のため資本主義社会に連動していません。そのため、上昇・下降の予測が立てづらく、運に頼る割合が高くなってしまいます。

ハイクラスたるものの学びも必要

基礎編のワンルームマンション投資は、第2章の中で4つの条件（73ページ参照）を満たすことが必要であると解説しました。この4つの条件は個人の感性や趣味嗜好は関係ありませんので、普遍性があります。言い換えれば、条件が揃えばワンルームマンション投資は誰もが、業者（もちろん優良業者に限られます）に丸投げで成功するといえます。

しかしながら、ハイクラスの投資となると誰もが簡単に成功できるわけではなく、学ぶ姿勢が必要となります。とはいえ、そもそも仕事で結果を出してきた実績がある人であれば、学ぶ姿勢は日頃から備わっているはずですので、安心してください。

ではどんな学びが必要なのかを、先ほどのおすすめのハイクラス投資先に当てはめて見てみましょう。

①一棟アパート投資

大切なポイントは建物管理です。

ワンルームマンション投資では賃貸管理をするだけで、建物管理はマンション管理組合が行うため、オーナーがすることはありませんでしたが、一棟となると管理組合は存在せず、自身で管理を行うこととなります。

しかし、実際に一棟アパート投資を始めても管理を行っている人はほとんどおらず、建物管理会社に依頼します。そして、依頼された建物管理会社が日頃の清掃や建物維持のためのメンテナンスを行ってくれます。修繕などが必要になれば、オーナーに相談をするという具合です。

ここで問題になってくるのは、**建物管理会社の担当者との相性**です。報酬はもちろんですが、オーナーとのコミュニケーションによってやる気が変わってきます。管理会社の担当者にやる気になってもらうほうが、建物はきれいに保たれます。

「仕事なのだから感情を挟むのは二流がすることではないのか」と思う人もいるでしょうが、そこはデキが悪い部下を持ったと思って、担当者を一人前にする気持ちで向き合ってください。部下育成のときに学んだことを今一度呼び起こすのです。会社でのさまざまな困難に立ち向かい、乗り越えてきたエリートのあなたであれば、建物管理会社の担当者にやる気になってもらうことは簡単です。

②株式投資

好きな会社に投資することが大切であると先ほど話しをしましたが、その会社の**決算書や財務諸表を使った企業分析も必要**です。

こちらも日々の業務活動が生きてくるため心配はいりません。研究開発職であれば、分析はそもそもお手の物でしょう。また、営業職であれば取引先の組織把握は日常業務です。マーケティング職であれば、そもそも業務と同様でしょう。上司への報告やプレゼン資料作成経験も生きてきます。

私のおすすめの書籍は、『[ポケットMBA]財務諸表分析　ゼロからわかる読み方・活かし方』（溝口聖規・PHPビジネス新書）です。この書籍を読めば財務諸表分析はバッチリです。後は今までの経験が正しい方向に導いてくれます。

③投資信託

歴史から学ぶことが必要ですが、日頃ニュースや新聞をチェックしている人であればかなり感度は高いため、知っている事象が多いはずです。

世界恐慌やオイルショック、ブラックマンデー、リーマン・ショックと私たちの世界は暴落を何度も経験してきました。ところが、[図表9]のダウ平均株価の推移をみると、どんなに大きな下落が起こっても、我々人類の日常は変わらなかったことが分かります。そして、**下落があると必ずそれ以上に株価は上昇します。**

［図表 9］ダウ平均株価の推移

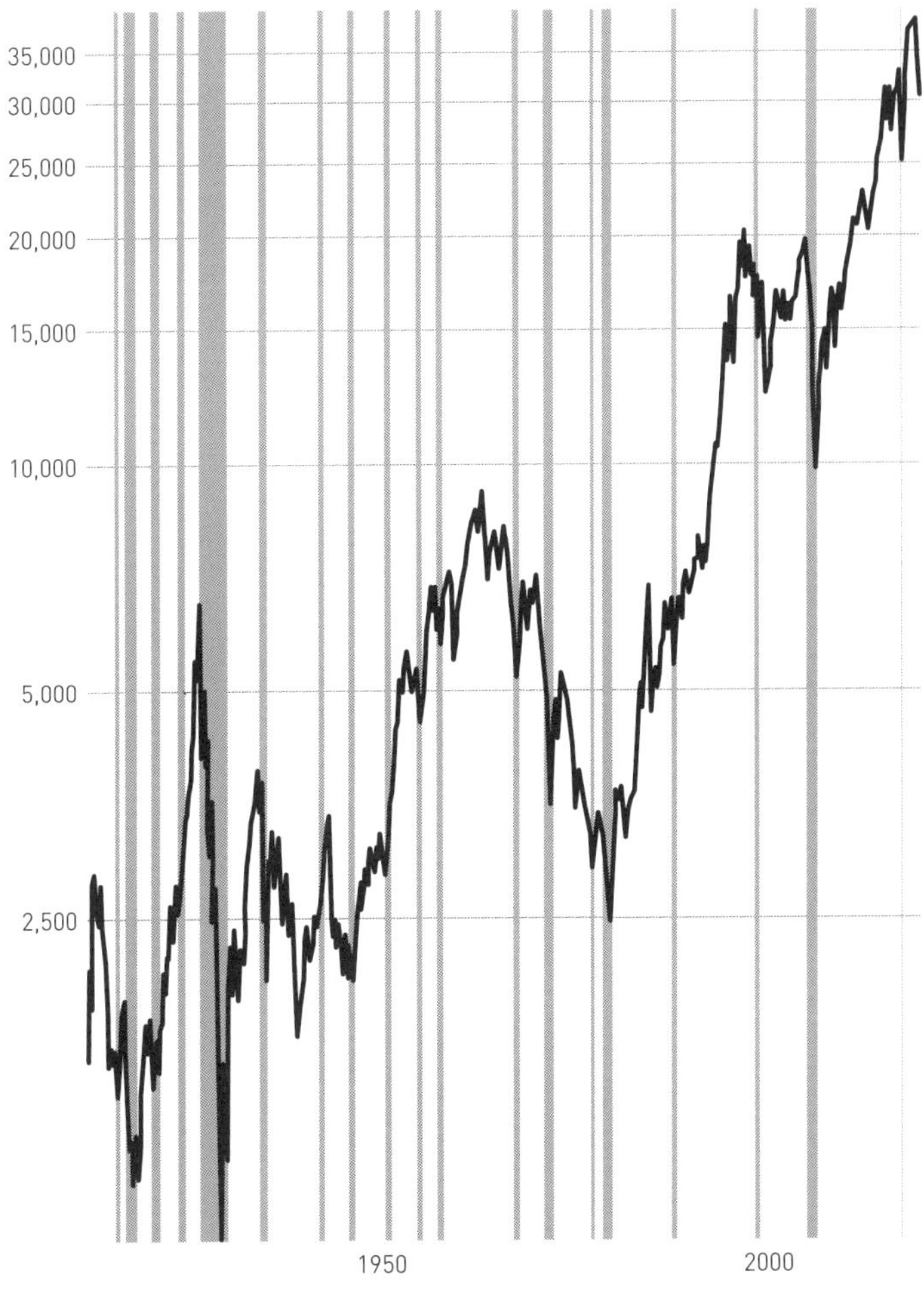

■世界恐慌　　　　　↓株価暴落↓製薬、農薬技術の革新↓株価上昇

■オイルショック　　↓株価暴落↓宇宙産業、ＤＮＡ技術の革新↓株価上昇

■ブラックマンデー　↓株価暴落↓原子力、デジタル技術の革新↓株価上昇

■リーマン・ショック↓株価暴落↓スマートフォン、ブロックチェーン技術の革新↓株価上昇

このように、暴落の後には革新が必ずありました。日常は変わりませんが、経済活動に革新（イノベーション）をもたらしてきたのです。この歴史を知っているだけで、どのような行動をすれば良いか自ずと答えは出てくるはずです。

どの学びも、日頃の業務に関係のあることやすでに日々のルーティンの一環ではないでしょうか。本業ではない投資ですが、ハイクラス投資に関しては仕事の10分の1くらいの学びの姿勢で取り組むと、うまくいくでしょう。

自分にマッチする投資で勝負する

これまでハイクラス投資を紹介してきましたが、自分の性質や生活にマッチしなければ成功の道は開けません。一時的に成功はするかもしれませんが、投資することが苦痛になり、日頃の仕事の業務に支障が出ては元も子もありません。

そこで大切になってくる軸が3つあります。

「時間軸」、「行動軸」、「心理軸」です。

①時間軸

時間軸は、どれくらいの時間でお金を生み出していくか、という軸です。3年で結果を出したいのか、それとも10年なのか、老後なのか、時間軸によってマッチする投資手法は変わってきます。

［図表10］時間軸の考え方

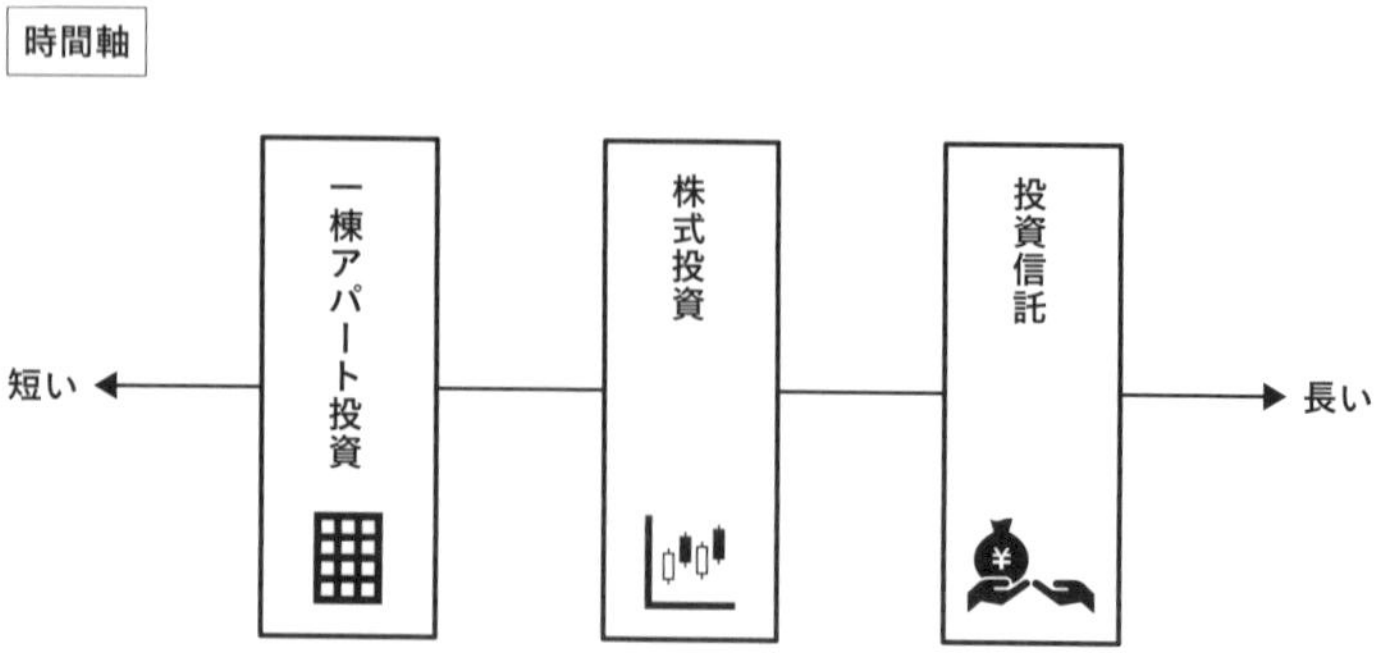

最短で結果を出したいのであれば、一棟アパート投資が良いでしょう。購入した翌月からキャッシュフローが発生します。安定性が高いエリアで良い物件を購入できれば空室の心配もないため、再現性が高く、お金を増やす仕組みができます。

反対に今現在は生活には困っておらず、定年後の老後対策という場合であれば、ワンルームマンション投資だけでも良く、ワンルームマンション投資プラス投資信託という選択肢もおすすめです。時間を味方につけて確実にお金を増やしていきます。

［図表11］行動軸の考え方

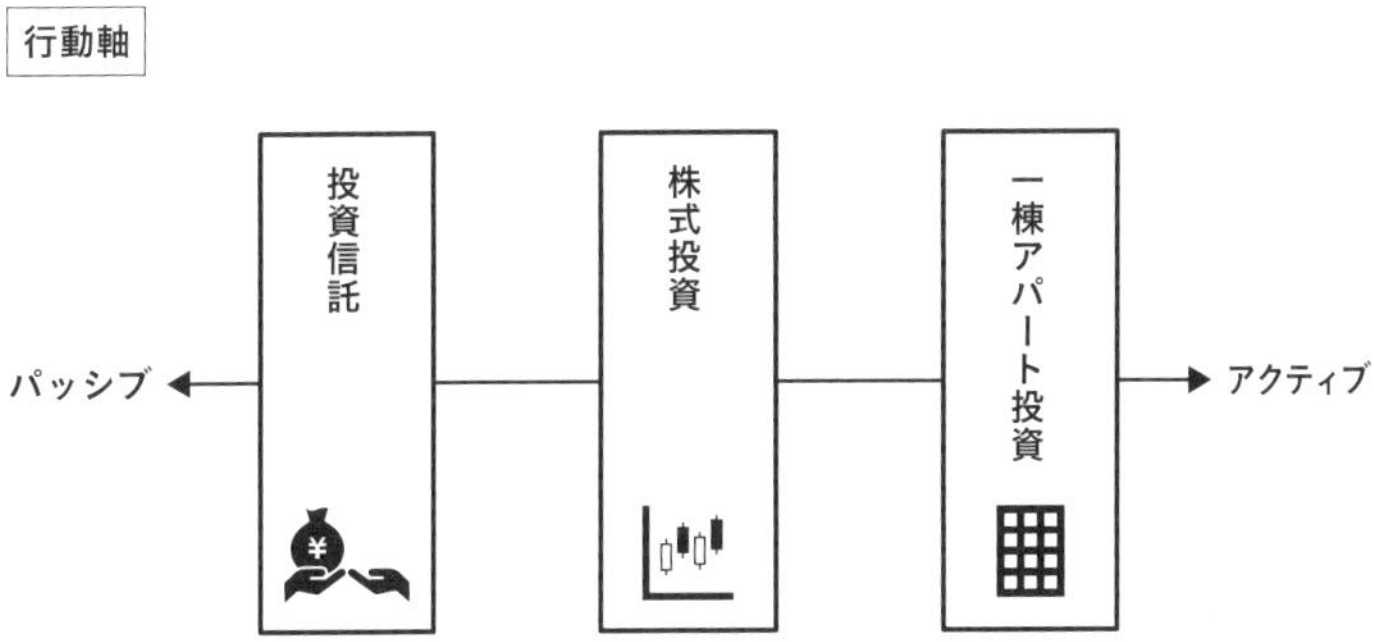

②行動軸

自分自身でどれだけ動けるか、という軸が行動軸です。言い換えれば、投資に対してどれだけ工数を割くことができるかということです。

株式投資の場合は、好きな銘柄を探し、その会社の財務諸表分析を行うことが必要です。そのためには、仕事以外にも机に向かう時間が必要となります。

投資信託に毎月一定額積立をするとしたら、最初の設定だけで後は自動的に証券会社が購入してくれるため、工数はほとんどありません。一棟アパート投資の場合は購入するまでに多少の行動をしなければなり

［図表12］心理軸の考え方

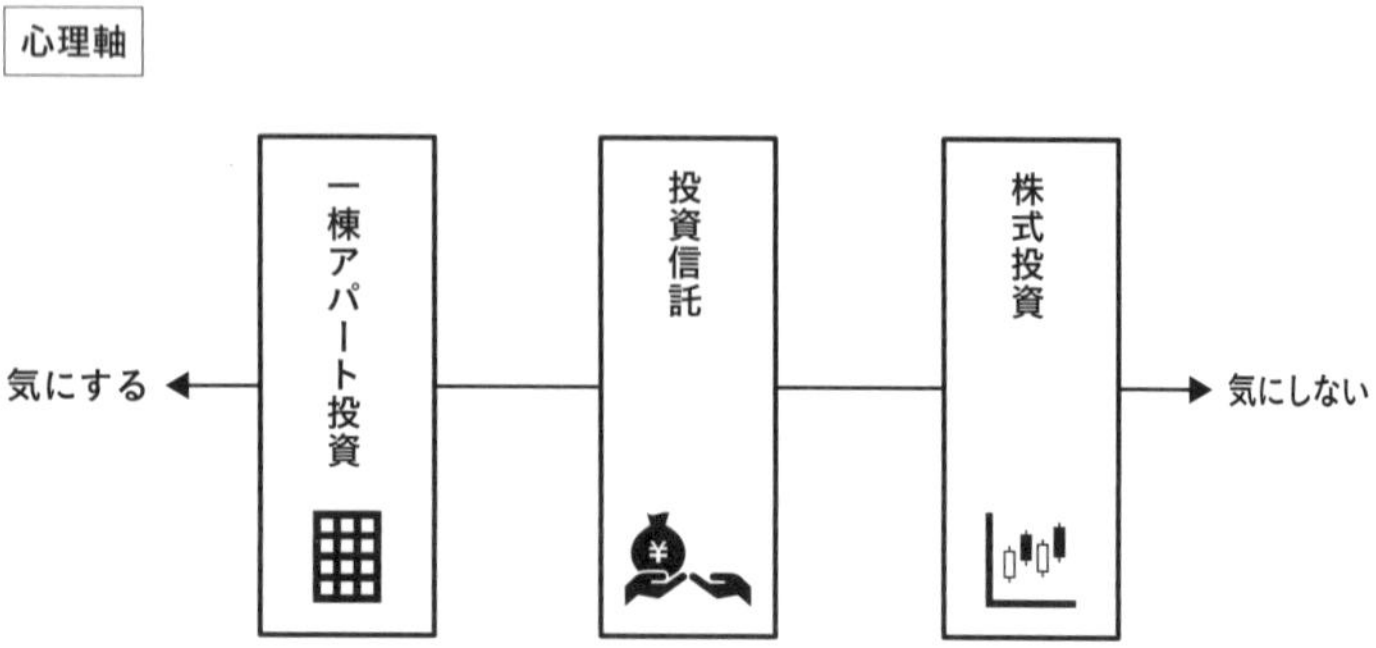

ません。さらに、信頼できる業者や管理会社を見つけることが必要となります。

③心理軸

心理的にどのように感じるか、という軸が心理軸です。自身の性格や性質ともいえるでしょう。気にしやすい性格であれば、日々上下がある株式投資は向いていないかもしれません。保有銘柄の株価が気になるあまり、本業にも支障をきたす可能性があります。

投資信託であっても、日々の評価額がスマホやパソコンの画面によってリアルタイムで確認できるため心臓に良くありません。気にしやすい人は、毎月安定型の一棟アパート投資などの不動産投資が向いています。

この3つの軸を意識することで、自分にマッチした投資先がわかってきます。

ここで重要なポイントがあります。「時間軸」、「行動軸」、「心理軸」を**自分だけで判断することは止めましょう**。自分自身の希望や願望が入るため、正確に設定することができません。また家族や友人、同僚など感情が入ってしまう間柄の人に聞くことも危険です。ある程度、あなたと距離感があり、冷静に判断ができる人に聞いてみることをおすすめします。

次のケースは私の友人や知人の事例です。具体的に見ていきましょう。

【ケース1】

32歳・既婚（子ども2人）・メーカー勤務（営業）

年収600万円・貯金500万円

■軸

時間軸：子どもの教育資金の確保と老後の資金確保

行動軸：平日は仕事中心・休日は子どもの野球中心

心理軸：お酒を飲まないため会社の飲み会の割り勘には抵抗がある

■投資先

基礎：都心部ワンルームマンション×4戸

ハイクラス：投資信託・株式投資

■手法

時間軸としては急いでいるわけではなく、小学生の子ども2人が大学入学のために必要な資金をまずは確保しつつ、老後に備えたい。ただ、仕事や家庭で常に忙しいため、投資に対して行動する時間は限られてくる。性格としてはちょっとした変化や矛盾も気になるタイプ。

基礎のワンルームマンションはエリア分散を行い、年収の8〜10倍ほどのローン金額で購入。行動・心理軸を考えると、ドルコスト平均法を活用した毎月一定額を積み立てる投資信託が望ましく、NISA枠（定められた範囲内で購入した金融商品から得た利益に税金がかからない枠）を使いながら行う。上位職に昇進し、仕事に余裕が出てきたころに、株式投資をスポット的に行う。

■予想

10年後にワンルームマンション2戸を売却し、800万円の利益を確保。毎月3万円を積立していたとすると、10年後には360万円の元本が、S&P500の平均利回り（＋10・7％／年）で630万円に増加。プラス株式投資での利益が見込める。その後に2戸ワンルームマンションを追加購入。

20年後、当初購入したワンルームマンション2戸を売却し、売却益を残りの2戸の残債に当て込むことで、全ての投資物件がローンフリー物件となる。毎月12万円ほどのキャッシュフローを獲得。積立の投資信託は元本720万円に対して2360万円に増加。さらに株式投資の利益が見込める。ワンルームマンション2戸売却の後に追加のワンルームマンション購入も可能。

■解説

10年後に学費捻出のためワンルームマンション2戸を売却したとしても、残り2戸は保有しているため、老後資金確保は容易に可能。投資信託の積立は複利効果を最大限に発揮したいため、可能であれば10年ではなく20年ほど行うと効果的になる。実際には10年後には「心の余裕」効果もあり、出世による年収増加も見込めるため、予想よりも多い収入を得ることが期待できる。

【ケース2】
41歳・独身（離婚から養育費10万円／月が発生）・消防士
年収800万円・貯金100万円

■軸
時間軸：今使えるお金を増やしたい
行動軸：勤務形態から、平日でも仕事が休みの日は行動可能
心理軸：職業柄か何事にも動じない

■投資先
基礎：都心部ワンルームマンション×2戸
ハイクラス：一棟アパート（8戸）・株式投資

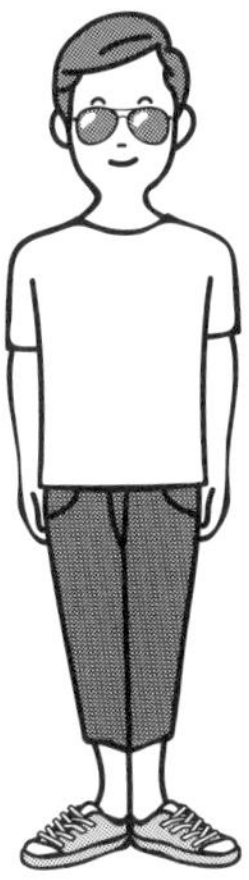

■手法

二度目の独身生活を謳歌《おうか》したいことから、毎月の給与以外の収入がほしい。職業が公務員のため、公務員の副業規定内である10戸までに保有不動産戸数を抑える必要がある。私生活での出費が多いため貯金が少ないので、まずは一棟アパートで毎月のキャッシュフローを作りつつ、余裕が出てきたら株式投資を行う。一棟アパートにおいて火災保険の活用が可能であれば、保険活用での修繕も発生しないため有益。

■予想

もし一棟アパートの修繕が必要になった場合は、ワンルームマンション1戸を売却して修繕費用に充てる。修繕費用以上に売却利益が出た場合は一棟アパートの繰り上げ返済か、株式投資の軍資金とする。修繕をして外観が綺麗になれば家賃上昇が見込まれるため、毎月のキャッシュフローはより手厚くなる。

■解説

性格として気長に待つことができるため、一棟アパートを軸にしながらも個別銘柄の株を複数保有することができ、大化《おおば》けする可能性がある。定年間際でさらに一棟アパートを購入し、規定に触れることもなく最高の定年後をスタートできる。再婚したとしても給与以外の収入があることは、QOL（クオリティ・オブ・ライフ＝生活の質）の上昇に貢献する。パートナー選びの際もお金を理由にためらうことなく選択ができるので、満足がいく結果になる。

【ケース3】

48歳・既婚（子ども1人）・専門商社

年収1000万円・貯金1500万円

■軸

時間軸：定年後の生活を現状と同じようにしたい

行動軸：平日は接待も多く多忙。休日は土曜はゴルフだが日曜は時間がある

心理軸：後輩のボーナス金額や貯金額が気になる

■投資先

基礎：都心部ワンルームマンション×5戸

ハイクラス：一棟アパート×2棟・投資信託・株式投資

■手法

現状、賃貸でタワーマンションに住み、休日は家族や友人と外食を楽しむハイクラスな生活。この生活水準を年金が収入源となる定年後も維持したい。軸を見てみるとどの投資にも適性がある。年収の8〜10倍ほどのローン額で、基礎であるワンルームマンション投資を固めた後は、ハイクラスの一棟アパートに移行。子どもはすでに成人し、教育費の心配もないためアクティブに投資が行える。多忙な仕事柄、投資信託をメインに行いながら、日曜日は企業分析に時間を割くことができるため株式投資も加えて行う。

■予想

一棟アパートのキャッシュフローをワンルームマンションの繰り上げ返済に充て込むことで残債を一気に減らしていくことが可能。定年までにはローンフリーのワンルームマンションを複数保有できる。定年後、場合によっては一棟アパートを売却し、ワンルームマンションのみとすれば、手離れは向上する。毎月6万円を定年までの17年間投資信託に積立したとすると、1224万円の元本がS&P500の平均利回り（＋10・7％／年）で3293万円に増加。加えて、株式投資での利益が見込める。

■解説

現状がハイクラスな生活水準の人ほど、定年後に生活の質を落としたくない傾向がある。老後破産の一番の理由が「生活水準を落とせない」ことであると実証されているからだ。しかしながら、ハイスペックな年収であれば融資は通りやすくなるため、属性をフル活用することが成功への近道となる。

これまでの3つのケースのように、自身の性格をしっかりと考慮して、「時間軸」、「行動軸」、「心理軸」を見極めることができれば、ハイクラス投資も怖がらずに進めるはずです。

第 4 章

お金を増やすための最新テクニック

第4章では、最新の情報から古典的なものまで、お金を増やすテクニックを幅広く紹介します。お金を増やす視点で記載していますが、日頃の業務でも活用できるテクニックも満載です。

「人類最大の発明」を活用する

人類史上、最も偉大な物理学者といわれるアインシュタインが「人類最大の発明」「宇宙で最も偉大な力」と呼んだものは何かご存知ですか？

答えは「**複利**」です。

複利とは、運用で得た収益を当初の元本にプラスして再び投資することです。

これにより、利益が利益を生み、利益が雪玉のように膨らんでいく効果が生まれます。「複利」の対義語は「単利」です。単利とは、運用で得た収益を元本にプラスせず毎回受け取り、当初の元本の金額のままで運用する方法です。

複利の効果を120ページの［図表13］で見てみましょう（1000万円を年利5％で運用した場合）。この図で単利と複利の違いがイメージできるのではないかと思います。

しかしながら、3年間の運用だとその差は7・6万円しかありません。**複利効果を最大限にするには運用期間を長くすること**です。「複利」は期間が長くなればなるほど効果が大きくなります。

投資の神様と呼ばれるウォーレン・バフェットも、複利を活用し資産を築き上げた代表的な1人です。「Life is like a snowball. The important thing is finding wet snow and a really long hill.（人生とは雪玉であり、大切なのは、湿った雪と長い丘を見つけることだ）」という言葉を残しています。

初めは小さかった雪玉も、長い丘を転がしていけば大きな雪玉となります。しかも、大きくなればなるほど、くっつく雪の量が増えるのでさらに早く大きくなります。これは、利益を出してくれる優良株銘柄を雪になぞらえて、長くその株式を保有することで複利の効果を最大限享受できるということを表しています。

[図表13] 単利と複利による利子の違い

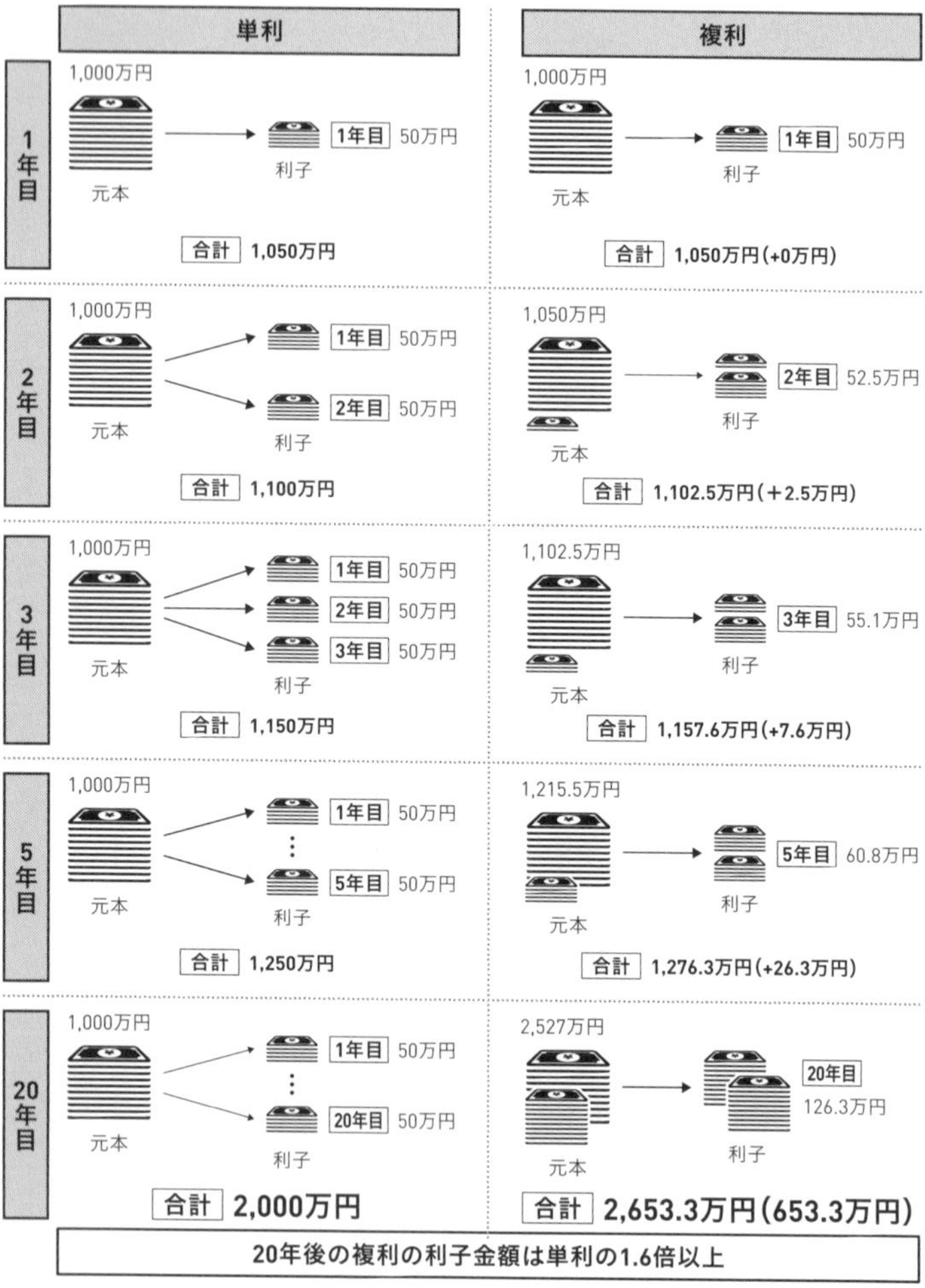
単利
複利
1年目
1,000万円
元本
利子
1年目 50万円
合計 1,050万円
1,000万円
元本
利子
1年目 50万円
合計 1,050万円(+0万円)
2年目
1,000万円
元本
利子
1年目 50万円
2年目 50万円
合計 1,100万円
1,050万円
元本
利子
2年目 52.5万円
合計 1,102.5万円(＋2.5万円)
3年目
1,000万円
元本
利子
1年目 50万円
2年目 50万円
3年目 50万円
合計 1,150万円
1,102.5万円
元本
利子
3年目 55.1万円
合計 1,157.6万円(+7.6万円)
5年目
1,000万円
元本
利子
1年目 50万円
5年目 50万円
合計 1,250万円
1,215.5万円
元本
利子
5年目 60.8万円
合計 1,276.3万円(+26.3万円)
20年目
1,000万円
元本
利子
1年目 50万円
20年目 50万円
合計 2,000万円
2,527万円
元本
利子
20年目
126.3万円
合計 2,653.3万円(653.3万円)
20年後の複利の利子金額は単利の1.6倍以上

バフェットは、わずかな手元資金から投資を始め、複利の効果によって2022年に個人資産1180億ドル（17兆円）を超えました。

この複利の思考は投資だけではなく、ビジネスでも生きてきます。すでに実践している人もいるかもしれません。FacebookやInstagramやYouTubeなどはその典型例でしょう。

投稿コンテンツが増える⇕ユーザー増加⇕広告増加

プラットフォームを作ってしまえば、後はユーザーが勝手に投稿をしてくれます。その投稿を見たいユーザーがまた増えていき、ユーザー数が増えれば広告を見てくれる人も増えるため収益は上がります。まさに雪だるま式の複利効果です。

成功しているビジネスモデルの会社はこの複利の法則を理解し、活用しています。複利の法則を、投資でもビジネスでも取り入れてください。複利の法則を知ることで、お金にも人脈にも一生困ることはないでしょう。

金融機関には攻略法がある

不動産投資で大きく成功するためには、優良物件を1つでも多く保有することがとても重要になってきます。多ければ多いほど、不動産はあなたのお金を増やすために働いてくれます。購入できるのであれば、いくらでも保有したいものです。

そうはいっても、投資用不動産購入は、金融機関のローンを活用するものです。融資可能なローン枠は年収の8〜10倍と64ページで話をしました。そう考えると、いつかは不動産投資の限界がくるのです。

年収800万円であれば、8000万円までしか不動産をローンで購入できないことになります。もっと優良な不動産を保有したいと思っても、ローン枠を超えてしまうとそれ以上は投資できなくなってしまうのです。

しかし、金融機関には攻略法が存在します。この攻略法に従っていくと通常のローン枠である8～10倍を大きく超えて融資を出してくれることがあります。

金融機関にはいくつか特徴があり、ここではその中でも大切な2つの特徴についてお話します。

金融機関には、

①好きな勤務地や会社など好みがある
②苦手な金融機関がある

ということです。

①は分かりやすいかと思います。例えるならば、好きなタイプの人に優遇するということです。

- 金融機関（支店含む）の近くの会社に勤めている
- 上場企業をプラス評価する

など、さまざまな要素があります。

なかには今までの仕事での努力を評価し、ローン枠がいっぱいになっても毎年ローン枠を増額してくれる金融機関もあります。

②は金融機関同士の問題になるため直接関わってくることはありません。しかし、融資を受ける金融機関の順番を間違えると、本来であれば購入できたであろうローン枠に満たない状態でも、融資が下りなくなってしまったということもあります。

具体的に見ていきましょう。

A銀行、B銀行、C銀行があります。A銀行は一方的にB銀行をライバル視しています。C銀行は一方的にA銀行をライバル視しています。

［図表14］のように最初にA銀行から融資を受け、その後にC銀行から融資を受けようとすると、先にA銀行から融資を受けたことを理由に断られてしまいます。審査に落ちるとほかの金融機関にも情報は伝わるため、その後にB銀行に打診しても断られるケースが多いのです。

ここで重要なのが、審査に落ちた際に「苦手な金融機関が先に融資をしていたから、審査に落ちた」と記載されるわけではないことです。ただ単に「審査に落ちた」と記載されるだけです。そうすると融資をお願いした本人に問題があるように思われてしまうのです。

この2つ以外にも金融機関独自の特徴があります。しかもこの特徴は日々変わるため、最新の特徴を理解している業者に、ローンについてアドバイスをしてもらうことが一番賢い金融機関の攻略法となるのです。

[図表14] 金融機関で融資を受ける順番

例

A銀行から融資を受ける

⬇

次にC銀行から融資を受けようとしても、A銀行から融資を受けていることを理由に断られる

⬇

審査に落ちたことでB銀行にも断られやすくなる

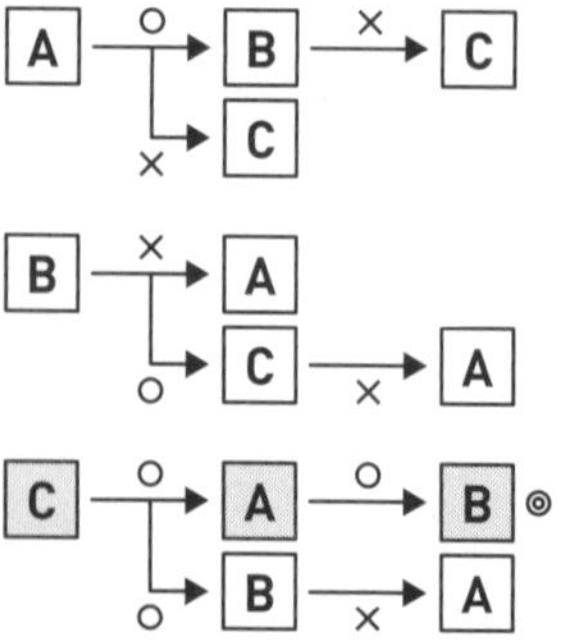

融資枠を最大化するには、C銀行→A銀行→B銀行の順番が正解となる

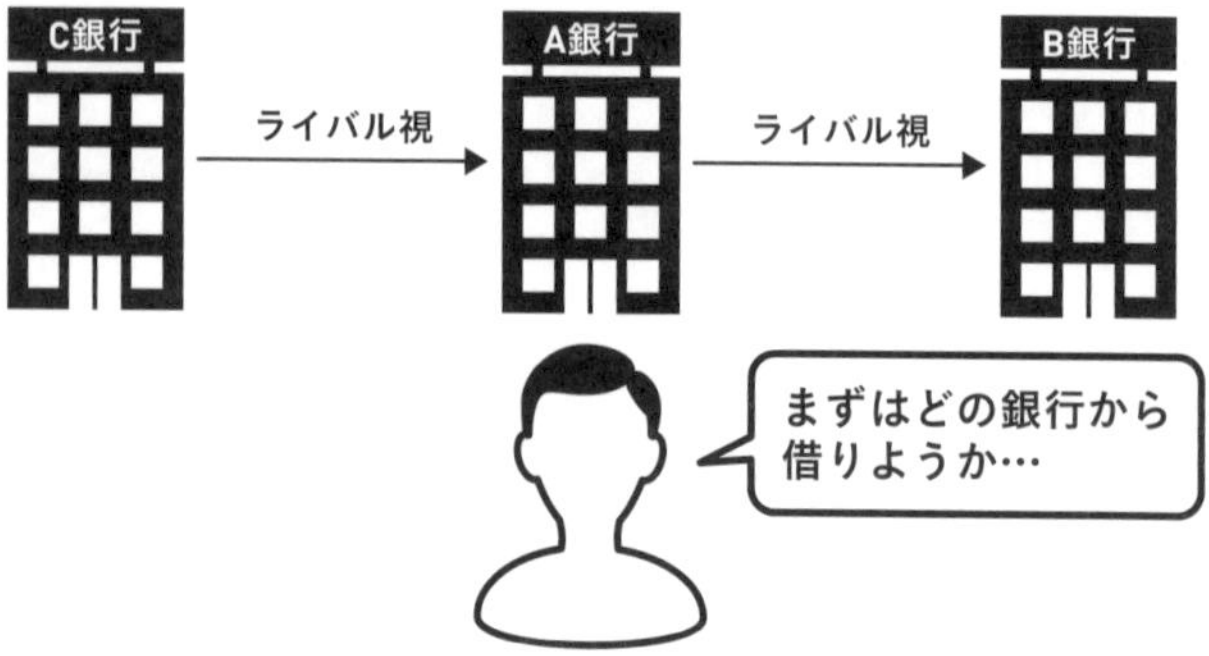

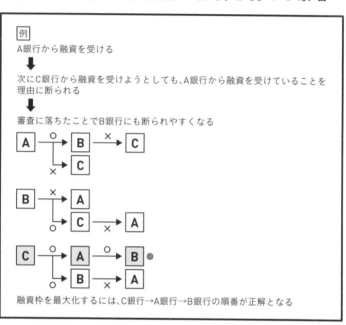

個人と法人の二刀流が最強の節税術

2018年に渡米し、アメリカでも前代未聞の日本人二刀流選手として名を轟《とどろ》かせている大谷翔平選手ですが、実は投資の世界でも二刀流が最新のトレンドです。**個人と法人の二刀流で納税額を最小にすることができる**のです。

高所得サラリーマンは相当額の税金を支払っています。「少しでも税金が戻ってきてほしい」と、会社から通知される給与明細をみては怒りを抑えているはずです。会社の給与から少しでも多くの税金を取り返すためにも、ワンルームマンション投資は「個人」名義で行います。

不動産から得た収益（不動産所得）は、赤字分をほかの所得から差し引く「損益通算」が認められています。個人の給与所得を減らすことができる損益通算方

［図表15］不動産投資での損益通算

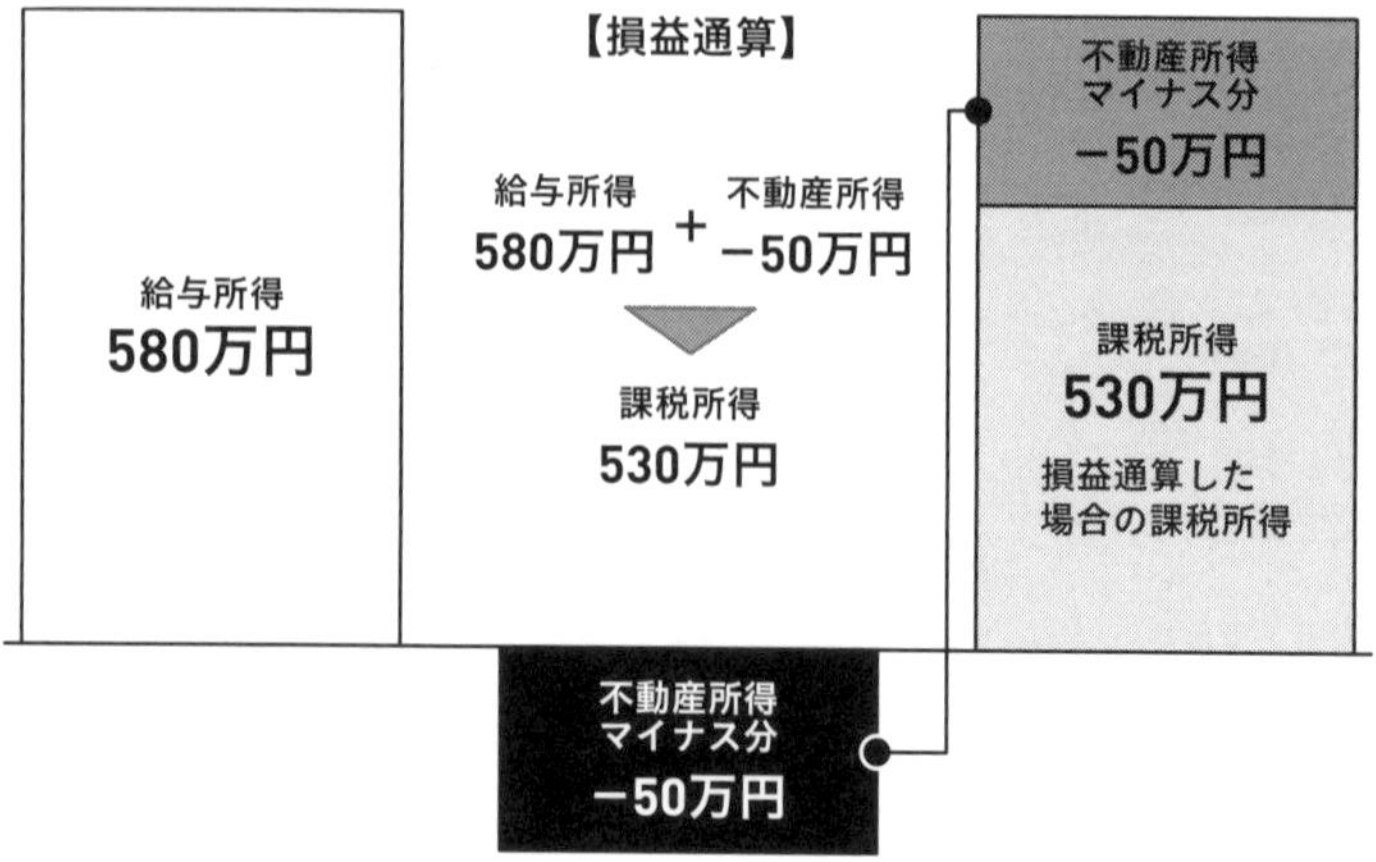

法は限られているため、活用しない手はありません。

具体的には、赤字分を差し引いた金額が所得税や住民税の課税対象となるため、納税額の軽減ができます。毎月の給与から所得税が天引きされているサラリーマンは、不動産所得の赤字分を確定申告することで、納めすぎた税金が還ってきます。そして、翌年の住民税は減額となります。

不動産所得とは、年間の家賃収入から必要経費を引いた金額です。

［図表16］個人と法人のおすすめ節税方法

個人	法人
ワンルームマンション投資	一棟アパート投資
株式投資	生命保険
投資信託	通信機器

必要経費には、管理費や修繕積立金（建物の診断や修繕工事を行うために充てられる費用）、火災保険などの保険料、固定資産税、ローンの金利分などが含まれます。

また、建物の取得費用を分割し、減価償却費として経費に計上できます。減価償却費とは、不動産を取得した際に取得費用（購入金額）を一定年数に分け、毎年の経費として計上するために用いられる計算方法のことです。

特にワンルームマンションは、土地の保有割合が一棟アパートに比べると圧倒的に少ないため、実

［図表17］所得税の最高税率の推移

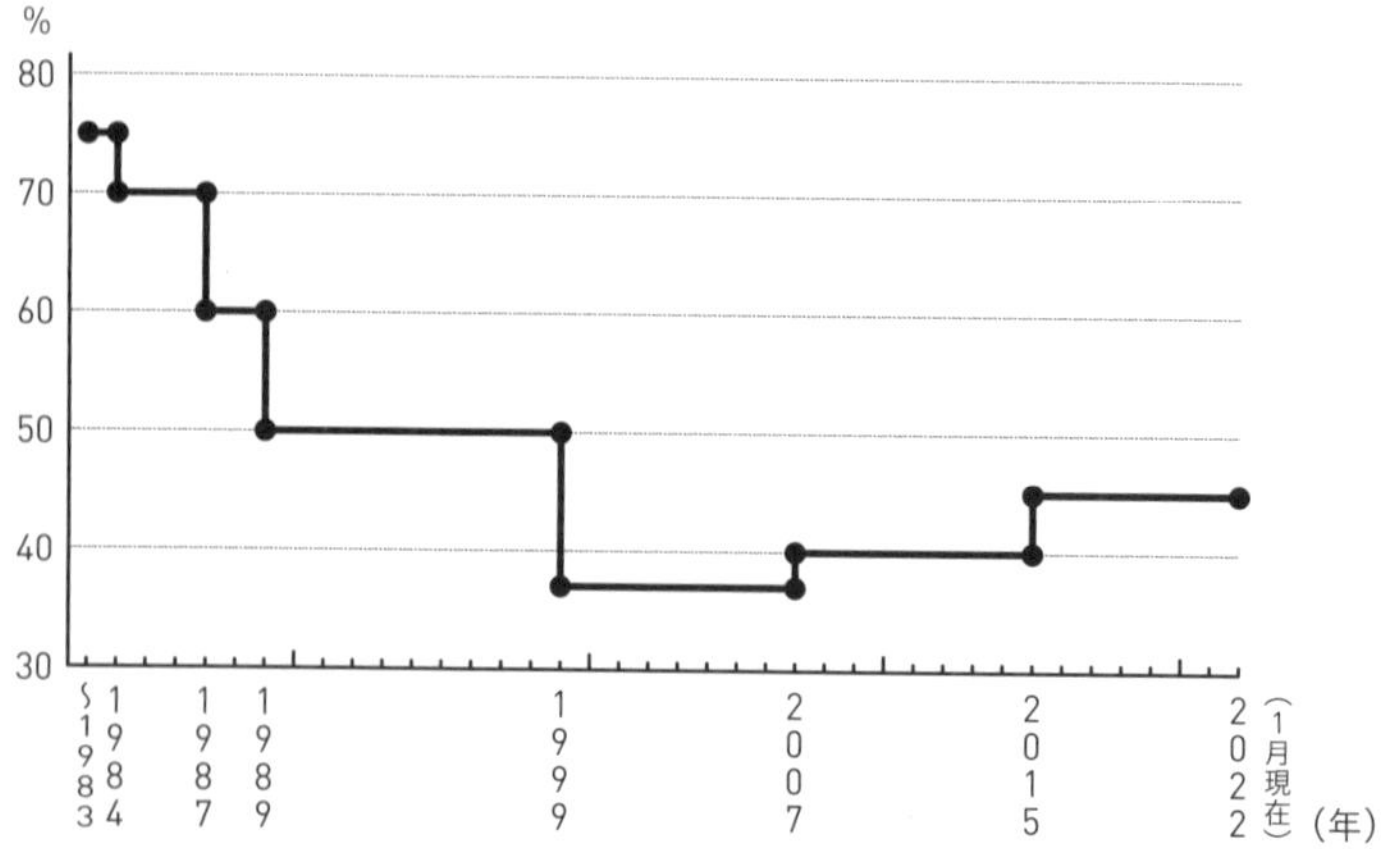

出所：財務省「主要国における所得税率の推移の国際比較」参照
（2022年1月現在）

際には赤字ではなくても帳簿上赤字にすることが可能です。ワンルームマンションは建物部分の減価償却費用が大きいため、キャッシュフロー自体は黒字であっても、損益計算書では赤字になっている状態も可能となります。

一棟アパートは「法人」で保有することをおすすめします。税率の関係から、課税所得400万円未満であれば法人化のメリットは少ないのですが、それ以上を狙うのであれば最初から法人での購入にすべきです。

［図表18］法人税率の推移

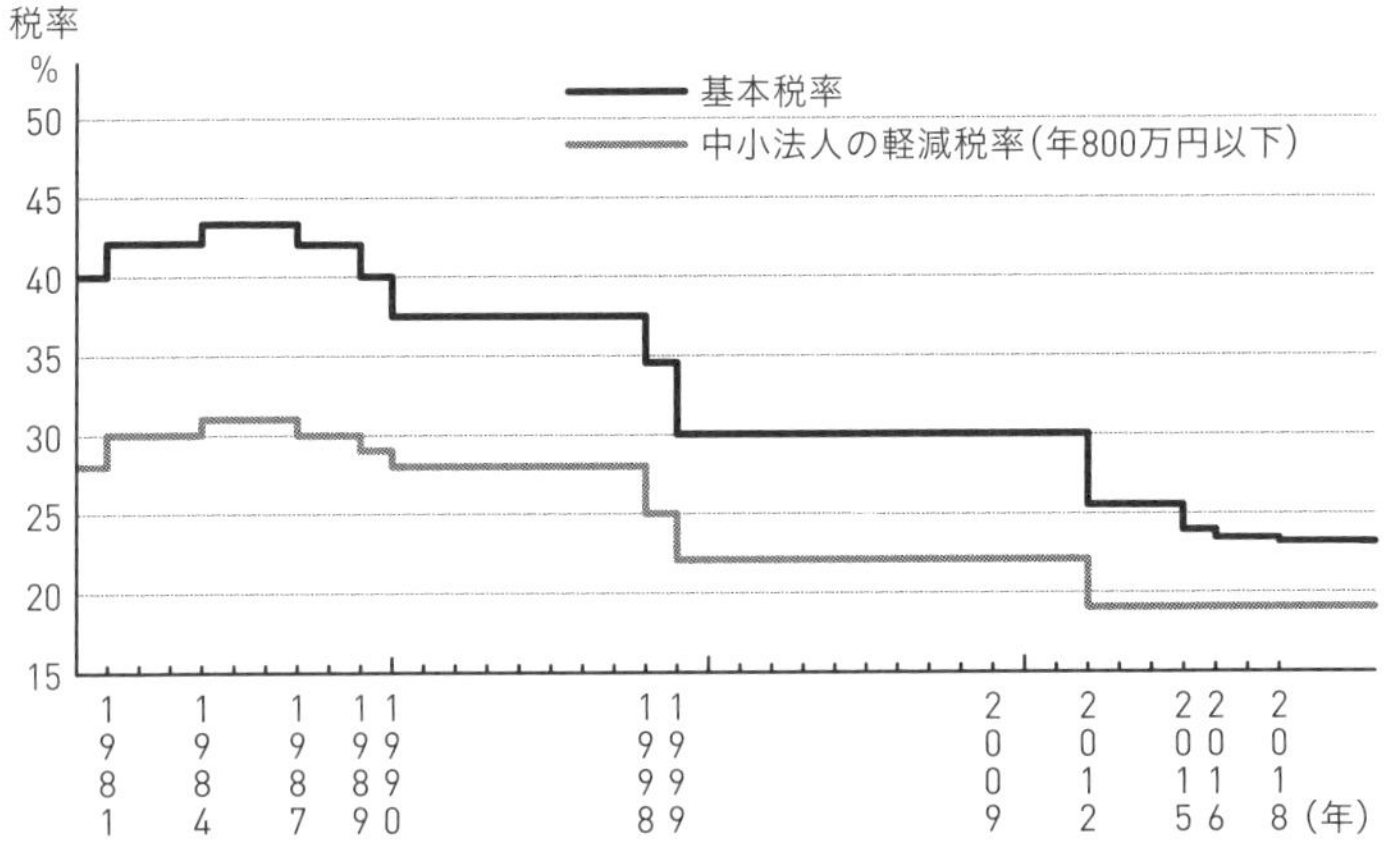

出所：財務省「法人課税に関する基本的な資料」参照

昨今は個人では増税傾向ですが、法人は減税傾向です。［図表17］のように**２００７年以降、個人の所得税は増税傾向が続いています。**２０２２年時点での所得税率は最高45％となっています。それでも１９７４年の最高税率75％に比べると少なくはなっていますが、その水準に移行してきたら個人ではさらに対策が必要になります。一方、法人税については23％と年々減少傾向となっています。

　土地を保有する一棟アパート投資は経費割合がワンルームマンシ

［図表19］個人と法人での株式投資における税率などの違い

	個人	法人
所得証明	できない	給料として証明できる
税　率	約20％	約30％
確定申告	手間がかからない （特定口座の利用可）	手間がかかる （一部口座しか利用できない）
損益通算	不可	可能

ョン投資と比べるとどうしても低くなります。そしてキャッシュフローも大きくなるため、個人で保有すると損益通算により黒字になるため、税金がより多くなってしまいます。税率が低い法人で保有したほうが、一棟アパート投資では手残りを多く残せるのです。［図表17・18］のような流れから今後はより個人が厳しくなることが予想されます。

ほかにも法人で契約、購入をするとメリットがあるものを一部解説します。

・生命保険

個人だと控除が4～5万円だが、掛け捨

て型であれば全額を損金（経費）として扱えるため、それ以上の節税が可能

・自宅をオフィスに
自宅の家賃やリフォーム代の一部を経費にできる

・携帯やWi－Fiなどの通信機器（法人利用部分）
法人契約にすることで経費にできる

では、株式投資や投資信託は「法人」「個人」のどちらで行うのが良いのでしょうか？

私は税率から「個人」をおすすめします。

利益が出ていないときは［図表19］のように法人にメリットがあるのですが、利益が出ないことを前提に株式投資や投資信託を行う人はいないですよね。

とすると、**税率に約10%もの差があることは大きな問題**です。

個人の所得はワンルームマンション投資の赤字部分と給与を損益通算することから節税し、一棟アパート投資の収益は法人によって税率を下げることができます。株式投資や投資信託は税率の低い個人で行いましょう。

この「個人」と「法人」の二刀流が「最大の利益」と「最大の節税効果」をもたらすのです。

国内と海外の2つの拠点を意識する

昨今、コロナ禍から「二拠点生活（デュアルライフ）」という言葉が浸透してきました。仕事場の近くである都心部の住居と、自然豊かなエリアに新たに住居を構えて二拠点を行き来する、新しい生活スタイルです。テレワークの普及で場所を問わず活躍できる時代になってきました。

都心にいるときは常にオンモードでバリバリ仕事をこなし、田舎にいるときは自然を感じて心身共にリフレッシュ。都心に戻ると頭が冴えて結果を出す。まさにグッドリズムです。

これになぞらえ、**投資においても主戦場である国内と海外という2つの拠点を**

意識することで補完作用が生まれ、より効率的に資産が増えていきます。

現在のような（2022年時点）円安の時代であれば、元々ドルやユーロ建ての積立をしていた人は、かなりの利益が出ているはずです。

そして、反対に円高になれば円をドルなどに換えれば良いのです。

日本円だけではなく、日頃からドルなどの海外通貨を保有しておくことで、どんな時代でも確実に利益を出すことができます。

また、海外旅行をするときも、円安の状態だと海外のほうが日本よりも物価が高いため、思いきり買い物やアクティビティを楽しめません。リフレッシュしたくても物価高が気になってしまい、むしろ疲れて帰ってくることになります。

しかし、円高のときにドルなどに替えて準備をしておけば、お金を気にすることなく思いっきり楽しめますよね。

特に、仕事だけではなく、プライベートでも日本だけに留まり続けることが難しいアクティブタイプの人は、日頃から国内と海外の二拠点を意識をしておくとお金の増え方が格段に変わってきます。

「2つの拠点の意識」が備わっていると、日頃のニュースでも海外トレンドに敏感になります。

この敏感さは思わぬ副産物をもたらします。海外で流行しているサービスに日頃から目がいくため、日本に導入される前にどの会社が代理店になるのか、などの情報に目がいきます。

もしサービス提供会社や日本における代理店が株式市場に上場していれば、株式投資として株価に注目する人も出てくるかもしれません。この俯瞰《ふかん》でみる考え方が、あなたの投資家としての視点の次元を上昇させます。

日頃の意識づけは、あなたの潜在能力の開花にも繋がります。**人間の決断や行動の95%は、「無意識」に支配をされている**といわれています。無意識とは、今までの自分の行動から脳が自動的に予測し決断や行動を決めることです。コントロールは難しいように思われるかもしれませんが、意識を少し変えて行動するだけで、無意識の領域にも知らず知らずのうちに多大な影響を与えます。

国内だけではなく、海外のニュースに目を向けるだけで、あなたの投資家としての器が広がるのです。

第5章

時代に左右されないあなたの未来

基礎からハイクラス、そして最新テクニックまで身につけたあなたは、晴れて投資の世界でもエリートの仲間入りです。仕事においてエリートであるあなたがエリートであり続けるように、お金を増やしたのであれば増やし続けることがあなたの使命です。時代や環境に左右されない自分になりましょう。

未来予想図を作る

ところで、未来予想図と聞くとどんなものを想像しますか？

「未来予想図」とは、単に数字を並べただけの目標ではなく、目標に到達するための戦略とロードマップ、マイルストーンを組み合わせたものをいいます。

流行に乗ってなんとなく投資をしてしまい目標や目的を見失ったことは、株や投資信託、ＦＸ、仮想通貨を実践してきた人は、少なからず経験があることでしょう。例として、次のような事例が挙げられます。

■不測の事態で株価が急落した

■急激な円相場でFX会社に預け入れる資金が足りなくなった
■一時期はうまくお金が増えたと思っていたので、欲をかいて信用取引にした途端に大幅下落した
■SNSで話題の仮想通貨を購入したら、そもそも売買取引ができない仮想通貨だった

これらの失敗の多くは、自分にマッチした投資をしていないことに加えて、
■目標や目的を決めずになんとなく投資をした
■投資予算を決めていなかった

これらのどちらか、または両方が原因です。
仕事でも同様ですが、
■開発までのスケジュールを策定して計画通りに実行する

■営業ノルマをしっかりと決める

このように目標を定めて、はじめて「仕事」の意味が発生し、結果が伴ってきます。

計画やノルマ、目標もない状況下で、やる気の維持や仕事に身が入ることはないでしょう。では目標を定めるだけで、全てがうまくいくのでしょうか?

「否」です。

より目標達成を現実にするためには、綿密で明解な戦略を考える必要があります。

つまりは、「未来予想図」を作ることが大切です。

仕事を事例として見てみましょう。

営業成績のノルマがあるとします。仮に1年間のノルマ達成目標を100としま す。単位は「1＝100万円」となるため、1年間のノルマ目標は1億円となります。

自分の担当エリアの既存顧客からのベース年間取引額が60（6000万円）であるとすると「100－60＝40」となるので、残りの40（4000万円）は新規で顧客開拓（既存顧客にアップセルも可）を行う必要が出てきます。

アップセルとは、顧客が元々購入して使用していた商品よりもグレードや価格の高い商品を推奨する営業手法のことです。

顧客1社あたりの平均年間取引額が2（200万円）とすると、20社と新規契約をすれば良いわけです。ですが、年間取引額が1社あたり2だとすると、期中や期末の契約では2は達成しません。1年間の取引金額が2（200万円）ですので、そこも考慮が必要です。それを踏まえて新規契約のためには何社に営業をすれば良いか数値に落とし込んでいけば、達成はより現実的になっていきます。

［図表20］1年間で営業目標ノルマ100（1億円）を達成するためのステップ

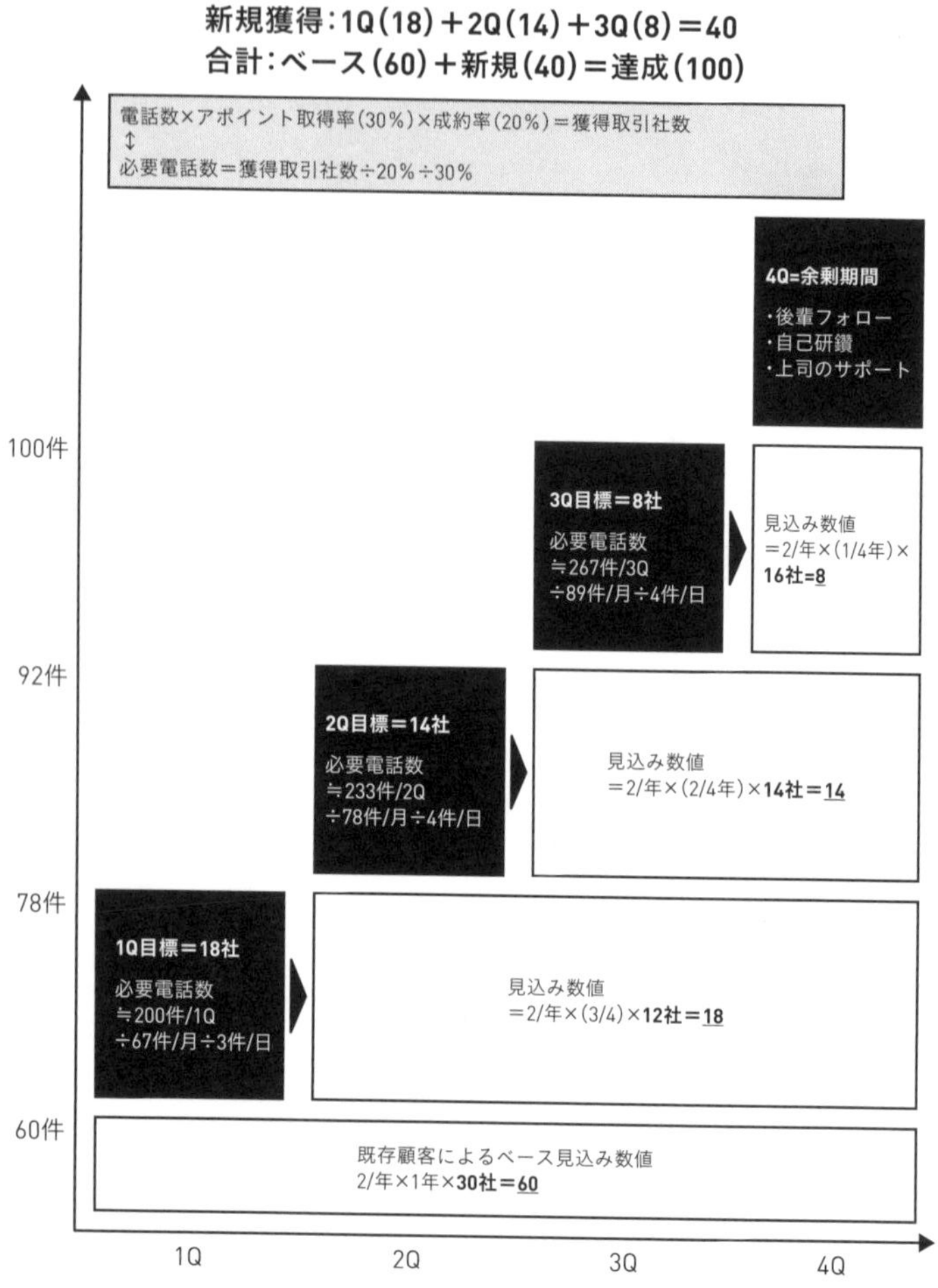

［図表21］未来予想図（簡易版）

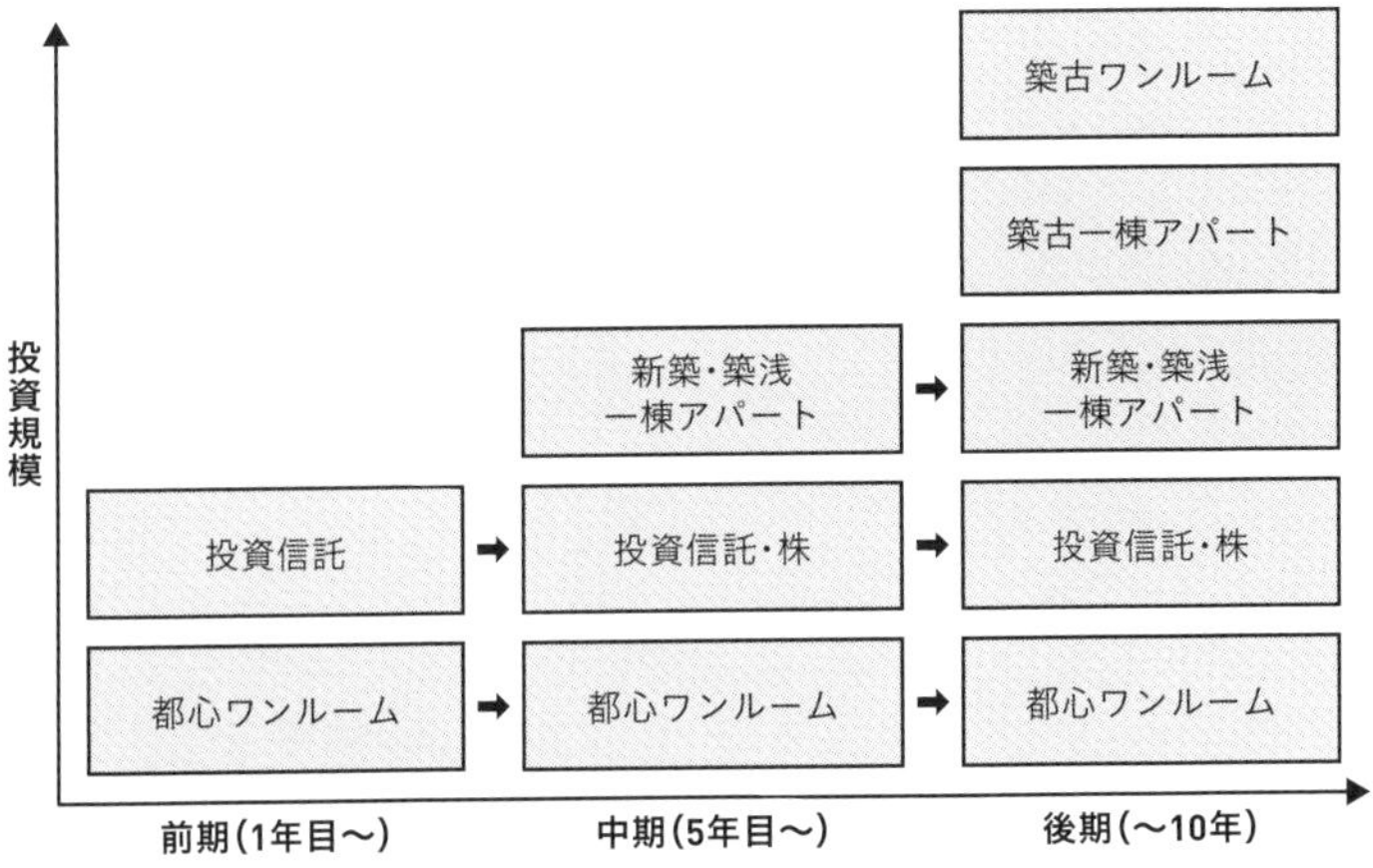

これが戦略です。

ここに全体計画であるロードマップを作成し、中間目標であるマイルストーンを作成すれば、計画通りに作業が進んでいるか定期的に確認することが可能です。仕事柄、作成している人も多いと思います。

もちろん、自身の得意業界や取引先の担当者との相性もありますので、当たりがつけばより達成時間は短くなります。

年間500万円を10年以内に増やしていきたいという目標を決め

たのであれば、現状と目標とのギャップを埋めるために、どのような手法で無理がないように目標が達成できるのか未来予想図を作成する必要があります。

［図表21］は、10年以内に年間500万円ほどの投資収入を目指したものです。戦略を解説します。投資前期には基礎のワンルームマンション投資をしながら、自分にマッチしたハイクラス投資の投資信託と一棟アパート投資を行う設定となります。［図表21］は簡易的なものですが、これをもとにブラッシュアップしていくと［図表22］のようになります。

そして、未来予想図を作ることで、実際に年間に増やせる数字が具体的になります。そうなればモチベーションも上がるため、投資に対して前向きになれます。

それでは、実際に未来予想図はどのように作成すればいいのか、ポイントを4つご紹介します。

［図表22］未来予想図（詳細版）

投資経過年数		1年目	3年目	5年目	7年目	9年目	10年目
不動産	ワンルームマンション	0 +3件	ア 30 +3件	24 +3件	ウ 18+1000 2件売却		
不動産	一棟アパート			イ 169 1棟	169 1棟	545 3棟	545 3棟
不動産	築古区分マンション						エ 28 1区分
投資信託		200 元本	オ 300 元本	0 元本	400 元本	700 元本	700 元本
投資信託		5 3ヵ月	30 profit	0 profit	40 profit	180 profit	70 profit
保有現金		5 (5)	カ 60 (30+30)	193 (193)	1227 (1187+40)	725 (545+180)	643 (573+70)
追加投資1		0 none	60+40 投信追加	193+7 投信追加	ク 800 一棟2頭金	550 区分現金	400 一棟1繰上
追加投資2		0 none	0 none	0 none	400 金融追加	0 none	0 none
自由資金		0 free	0 free	0 free	27 free	175 free	243 free
年間収入		5 revenue	60 revenue	キ 193 revenue	227 revenue	625 revenue	643 revenue

ア
30＝節税金額(単位:万円)
3件＝保有件数

イ
169＝年間のキャッシュフロー(単位:万円)

ウ
18＋1000＝18万円の節税効果と1000万円の売却益
※節税効果は税理士にご確認ください

エ
28=年間のキャッシュフロー(単位:万円)

オ
300=元本
30=元本に対して一年間で増えた分

カ
60=300万円が元本の投信を1年間運用した利益の30万円＋IR保有からの節税分30万円を足したもの

キ
年間収入193=節税分の24万円と一棟アパートのキャッシュフロー169万円の合計

ク
800＝ワンルームマンション売却益の一部(800万円)を頭金として2棟目の一棟を購入

ワンルームマンション投資件数＝＋3件
築古区分マンション実質年利＝5％

投資信託年利＝10％
一棟アパート:13％、3000万円、融資1.5％、15年

①少し頑張れば叶うくらいの目標を設定する

年間500万円お金を増やしたいと思っても、いきなり3日後に達成という目標では現実的とはいえません。**必ず年単位で目標を順序立てて設定する**のがおすすめです。

②数値化する

「お金持ちになりたい」など漠然としたことではなく、3年後には何十万円、5年後には何百万円と具体的な数値に落とし込みましょう。利回りは過去実績などから実現性が高い数値にします。あいまいさがなくなれば目標が明確になるため、視覚的に脳への刺激になります。脳への刺激は潜在意識に働きかけるため、より目標達成へ近づきます。

③具体的な手法を入れる

自分にマッチした投資を明記するようにします。数字目標だけで具体的な投資法がないと、何を実践すれば良いか分からず、無駄な行動が増えてしまいます。

④自分1人で作成しない

1人の狭い視野で作成すると、内容が偏ってしまったり、間違った方向にいってしまったりする可能性があります。仕事でも上司がなぜいるのか、なぜ役員会議があるのかを考えると答えは明白です。

ほかにも未来予想図を自分が見える場所に貼り付けたり、スマホやPCの待ち受け画像にしたりすることも効果的です。視界に多く入ることで、未来予想図がより現実として近づきます。

潜在意識の力をフル活用する

本書では、潜在意識の力について何度か触れてきました。ここではその力の重要さと、活用方法をお教えします。

人間の意識には2つの階層があります。**顕在意識と潜在意識**です。顕在意識とは意識下の行動のことです。一方、潜在意識とは無意識下の行動のことです。

顕在意識と潜在意識の割合は5：95であり、24時間の活動のうち95％は、自分自身の潜在意識によって動かされているといわれています。ほとんど無意識の行動で、人の生活は成り立っているのです。

例えば、

［図表23］顕在意識と潜在意識の違い

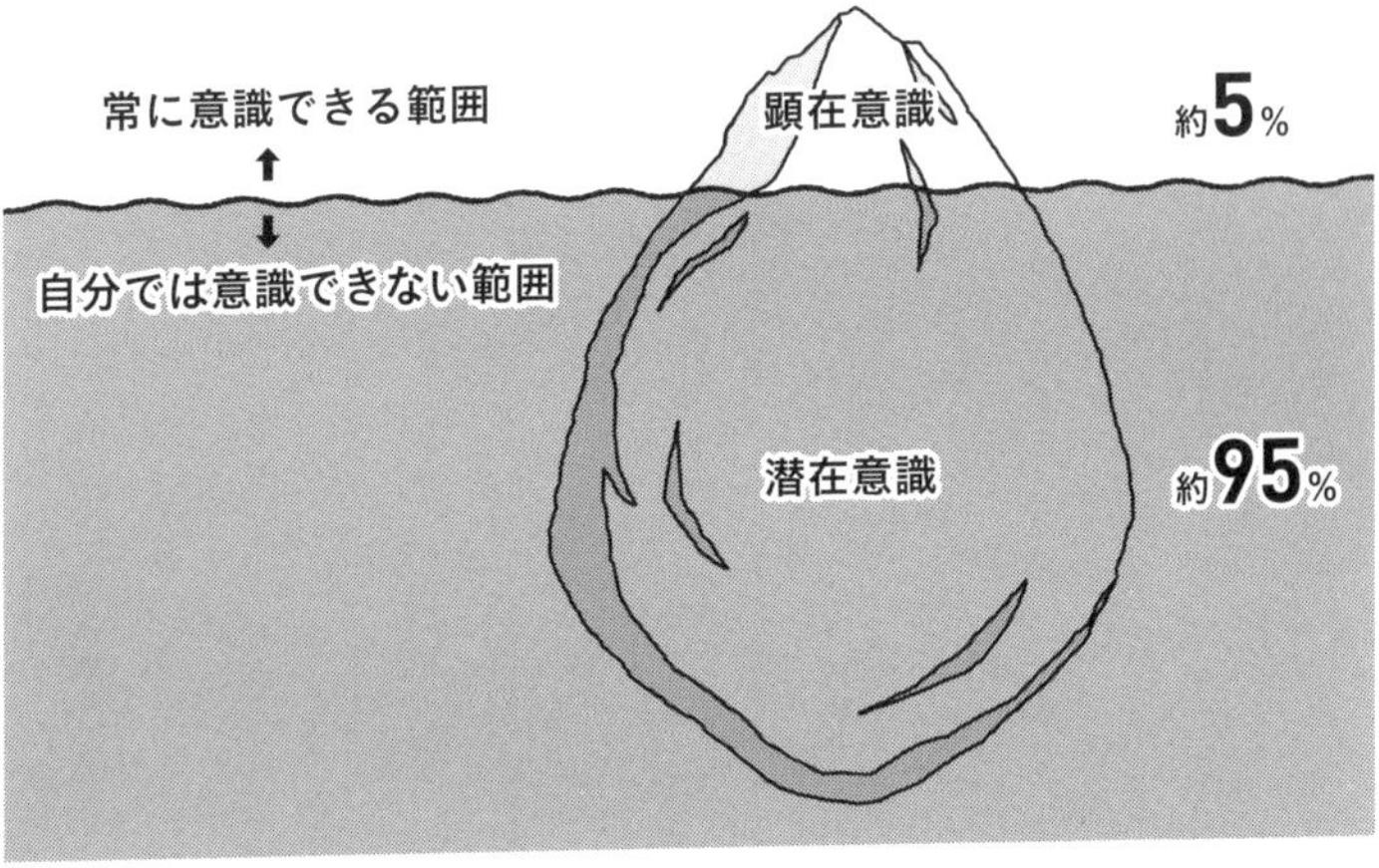

- どれだけ酔っ払っていても、気がついたら帰宅していた
- 朝になると目覚ましが鳴る前に自然と目が覚める
- 忘れたと思っていた書類が、しっかりバッグに入っていた

など、意識しなくてもできていることが実は多いのです。

この無意識である潜在意識の中に、「お金が増える」ことを取り入れると、「勝手にお金が増えていく」となるわけです。

具体的には、

街中の看板や電車の中吊り広告など、なんだか目につく企業名がある
←
流行により売上が上がるであろう企業を、常にフィルタリングできるようになっている

なんとなく保有している株を売却したくなった
←
社会情勢の不安を、些細なニュースなどからキャッチできるようになっている

このように、お金が増える情報を潜在意識が勝手にセレクトしてくれます。潜在意識とは自分自身が作り出したルールや常識のようなものです。このルールの中に、「お金が増えそうな情報があれば精査して信号を出せ」と追加すればいいのです。

このことを「**RASの効果**」と呼びます。これは、「Reticular Activating System」の略です。日本語では脳幹網様体《のうかんもうようたい》賦活系《ふかつけい》と訳されます。

簡単にいうと、さまざまな情報の中からあなたにとって重要なことや関心事が、優先的に選ばれて意識に上がってくる機能です。

では具体的に、「RASの効果」をより効果的に活用する方法をお教えします。それは潜在意識の中に「お金が増えるルール」をインプットすることです。そのためには、3つの行動が鍵となります。

①視覚化する
②断言する
③反復する

①は先ほどの節でもありましたが、「未来予想図」を作成することです。作成することで視覚情報として目に入り、目に入ることで潜在意識に働きかけます。欲をいえば、未来予想図を見ながら、自分の将来像やお金が増えていく段階をイメージして映像化してみてください。あなたが主人公の映画を観ているように心の中で想像し続けましょう。顕在意識が潜在意識へと変わってきます。

②は、肯定的な言葉を使います。「～になればいいな」「～がしたいな」という言葉を、「～になっている」と、すでに実現したかのように断言します。これを「アファメーション」といいます。**アファメーションとは、肯定的な言葉による自己暗示で、理想の自分を引き寄せることです。**言い切ることで、脳の中で必ず達成すべき優先事項として捉えられます。

③は、反復することで潜在意識の中に刷り込まれていきます。未来予想図を見ながら声に出すことで視覚だけではなく、聴覚にも訴えかけます。そうすることでさらに潜在意識の中に浸透していきます。

仕事の長期休み明けでもネクタイを上手に締められることや、車の運転が久しぶりでも難なくできることも、反復の効果です。一度、体や脳が覚えたものは一生忘れることはありません。

このように、あなたの潜在意識を自分の意のままにコントロールすることができれば、人生はあなたの思うがままです。まさに、鬼に金棒ですね。

今後の時代で勝つ人、負ける人

日本では明治時代から教育勅語をもとに義務教育が始まりました。義務教育では「自己抑制」と「自己犠牲」が美徳だとされ、重視されていることは「我慢する」「わがままをいわない」「他人のためなら自分の犠牲を厭わない」「日本人としての自覚を持つ」といったものです。

今まではこの教育が色濃く社会に影響していました。

自分の周りの人や社会のために自己抑制・自己犠牲を伴うことのできる人が「勝者」となっていたのです。

・会社の成長のため

■お客さまのため
■上司や部下のため
■家族のため

このためには、自分の時間やプライベートを犠牲にすべきである、むしろ犠牲にしたほうがかっこいい、という風潮でした。
自己犠牲によって誰かのために頑張る人こそが勝者であり、実際に出世しやすく、社会的な評価もされてきました。

しかしながら、新型コロナウイルス感染症の流行をきっかけに、社会が大きな転換をしました。いつどこでウイルスに感染するかわからない状態となり、感染すると無症状だったとしても一定期間の隔離生活となります。症状や後遺症によってはその後の仕事にも影響を及ぼします。在宅ワークやオンライン会議も増加し、会社内でのコミュニケーション方法も変わってきました。社内での評価方法や、出世しやすい人の特徴も、この流れに沿って当然変わってきたのです。

これにより、今までの慣習や通例が通じなくなってきているのです。在宅ワークやオンライン会議では周りの人や会社のための頑張りを見てくれる人もいません。取引先に面と向かって熱意を伝えることもできません。資料やカタログの見栄えだけで仕事が決まることもあります。今まで勝者だった人が敗者になりうるのです。

お金に関しても例外ではありません。

- 年功序列で年収アップは確定
- 年金で老後は安泰
- 子どもや親の老後のために貯金することが美徳
- 後輩にご馳走すると尊敬される

コロナを引き金にして、安定した時代は崩壊しました。同時にSNSやスマホが台頭してきたことで個人の自由を主張できる社会に変わり、自分の身は自分で守る必要が出てきました。

- 会社の雇用形態の見直しで年功序列は廃止
- 年金支給年齢は上がり、雇用期間も70歳まで引き上げ（60歳以上の給与は極端に低下）
- インフレと円安により日本円の価値は大きく下落
- コロナ禍の影響で会食を禁止する会社も多く、後輩を飲みに連れていくほうが白い目で見られる

会社や社会が守ってくれる、という幻想は終わりました。自分自身でお金を増やすことで、まずは自分を守ります。そして自分が確固たる基盤を作ることこそ、家族や周りの人を助けられることに繋がります。あなたが大木になることで地面にしっかりと根を張り、太い幹を持つことであなたの守りたい人を支えることができます。守ってほしい人が多少増えてもビクともしない、そんな人が今後の時代の勝者となるのです。

頑張りすぎる癖を見直そう！

最後に、最も重要な話をします。日々努力を怠らず、訓練や鍛錬を欠かさないエリートのあなただからこそ立ちはだかる問題です。

それは、「度を超えて頑張りすぎる」ことです。

本書を手にした方は、小学生のころから勉学に精進し、大学までは常に受験戦争。大学に入学してからも、より良い会社から内定をもらうために、授業の好成績は当然のことながら、インターンや部活動でも一生懸命に自己研鑽をし、家族や恋人、友人の前でも完璧な自分であり続けたと思います。

つまりは、「頑張り屋さん」なのです。

そして社会に出てから今現在も、同期や先輩に負けないように仕事に邁進し、出世はもちろんですが、社会のため、お客さまのため、会社のため、チームのために頑張ってきたことでしょう。

そんな真面目なあなたは本書のお金の増やし方を理解し、このように思ったのではないでしょうか？

■こんなに簡単でいいの？
■努力しなくていいの？
■我慢しなくていいの？

一番感じることは、

「頑張らなくていいの？」

ということだと思います。

大丈夫！　頑張らなくていいのです。

結論をいいます。

頑張っても、頑張らなくてもお金を増やすことはさして変わりません。あなたが幼いころから、ずっと頑張り続けてきた結果、社会的に認められ、お金が増える仕組みを作ることができるのです。本書に書かれている仕組みを思い返してください。

①ベース
②仕組み（基礎）
③仕組み（ハイクラス）
④テクニック
⑤思考

仕組みができれば、頑張らなくとも自動的にお金は増えていきます。

本書の内容は、今までずっと肩ひじを張って頑張ってきた、頑張り屋さんである、あなたにしかできないお金の増やし方です。

お金へのコンプレックスがなくなれば、本当の意味で人生を思い通りにできます。仕事のときのように、お金に関わることも自分のしたいようにできます。

「平凡ではない」あなたにふさわしい人生の到来です。

「仕事」も「お金」もエリートかつスマートな人生は自分で作れるのです!!

おわりに

最後までお読みいただきありがとうございました。読み終えたことで満足することなく、人生の次のステージに向けて羽ばたいてください。

私に勇気を与えてくれた名言や格言を最後にお伝えします。

〝愚か者が先延ばしにすることを賢者はただちに取りかかる〟
バルタザール・グラシアン（哲学者）

〝今から数年後、あなたはやったことよりも、やらなかったことに失望する〟
マーク・トウェイン（作家）

〝暗いと嘆くより、あなたが進んで明かりを灯しなさい〟
マザー・テレサ（修道女）

〝いつかできることはすべて、今日もできる〟
ミッシェル・ド・モンテーニュ（哲学者）

〝行動なき計画は消え去る夢に過ぎない〟
キュリー夫人（物理学者・化学者）

〝心配とは、行動の不足から起こるものである〟
野村克也（野球選手・監督）

〝1日ずつ、人生最高の日にしよう〟
ジョン・ウッデン（バスケットボール選手）

さぁ、さらなる充実した人生のスタートです!!

私の公式ラインではお金にまつわる情報を発信しております。良かったら登録してみてください。本書で書き切れなかったことも発信しています。ラインのID検索画面で「@075ccbkr」と入力して申請してください。本書の感想などもお待ちしています。

2023年2月　マイク（朝比奈・マイク・翔）

本書ご購入者限定特典

特典1

オリジナル未来予想図作成

マイクがあなたのために投資で成功するための未来予想図を無料で作成します。

特典2

マイクの投資先を限定公開

投資先の具体的な名称や購入先、実績の詳細まで赤裸々に！

特典3

20分ライン通話無料相談（毎月5名まで）

マイクがあなたに合った投資法や不労所得拡大のためのアドバイスをします。

特典4

マイク主催の限定企画への特別ご招待

情報交換会 / 物件見学ツアー / 投資研究会などに招待します。

右のQRコードから
マイク公式LINEに登録後、
「特典」と書いて今すぐ送信！

LINEの友達検索で「ID: @075ccbkr」からも登録できます。

※本特典は著者独自のものであり、出版元は一切関与しません。ご了承下さい。

特典は予告なしで終了する場合がございます。早期のお申込みをお勧めします。

マイク（朝比奈・マイク・翔）

理系出身の現役サラリーマン投資家。

不動産投資を中心に投資信託や株式投資を実践中。現在、区分マンション８戸・ファミリーマンション２戸・一棟アパート４棟を保有中。投資信託や株で１億円強を運用中。現物資産である不動産と投資信託や株などの金融商品を組み合わせることで相互補完をし、安定的な資産形成を目指す。座右の銘は「投資は易し、恋愛は難し」。

●HP：https://salaryman-mike.com

●マイクの公式LINE（投資などの情報を配信中）

@075ccbkr
QRコードが読み込めない場合は、
@075ccbkrで検索してください。

9割の会社員が知らない
「お金」が勝手に働く投資術

2023年 2 月20日　初版発行
2023年 7 月 6 日　2刷発行

著　者　マイク
発行者　野村直克
発行所　総合法令出版株式会社
〒103-0001　東京都中央区日本橋小伝馬町 15-18
EDGE 小伝馬町ビル 9 階
電話　03-5623-5121
印刷・製本　中央精版印刷株式会社

ISBN 978-4-86280-891-2
総合法令出版ホームページ　http://www.horei.com/